DK 世界6大陸 発見の旅

地球MAPS

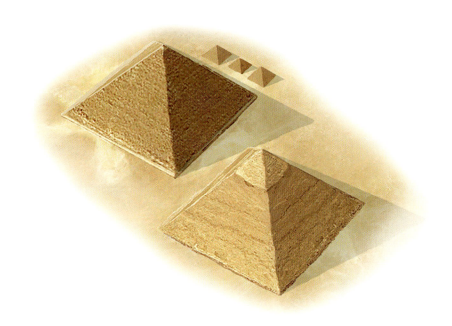

日経ナショナル ジオグラフィック社

Original Title: What's Where on Earth? Atlas
Copyright © 2017 Dorling Kindersley Limited
A Penguin Random House Company

Japanese translation rights arranged with
Dorling Kindersley Limited, London
through Fortuna Co., Ltd. Tokyo.

For sale in Japanese territory only.

地球MAPS

2018年7月16日　第1版1刷

翻訳者	竹花 秀春
編集	尾崎 憲和、田島 進
編集協力	リリーフ・システムズ
発行者	中村 尚哉
発行	日経ナショナル ジオグラフィック社
	〒105-8308 東京都港区虎ノ門4-3-12
発売	日経BPマーケティング

ISBN978-4-86313-411-9
Printed and bound in Malaysia

©2018 日経ナショナル ジオグラフィック社
本書の無断複写・複製(コピー等)は
著作権法上の例外を除き、禁じられています。
購入者以外の第三者による電子データ化及び電子書籍化は、
私的使用を含め一切認められておりません。

A WORLD OF IDEAS: SEE ALL THERE IS TO KNOW
www.dk.com

目次

太古の地球

太古の地球	6
5億〜3億8000万年前	8
3億〜2億2000万年前	10
1億8000万〜8000万年前	12
4000万年前〜現在	14

北アメリカ

国と国境	18
地理的な特徴	20
こんなところがすごい	22
人口分布	24
グランドキャニオン	26
見どころ	28
気候	30
野生の生き物たち	32
夜の大陸	34

南アメリカ

国と国境	38
地理的な特徴	40
こんなところがすごい	42

人口分布	44
アマゾン盆地	46
見どころ	48
気候	50
野生の生き物たち	52
夜の大陸	54

アフリカ

国と国境	58
地理的な特徴	60
こんなところがすごい	62
人口分布	64
大地溝帯	66
見どころ	68
気候	70
野生の生き物たち	72
夜の大陸	74

ヨーロッパ

国と国境	78
地理的な特徴	80
こんなところがすごい	82
人口分布	84
アルプス山脈	86
見どころ	88
気候	90
野生の生き物たち	92
夜の大陸	94

アジア

国と国境	98
地理的な特徴	100
こんなところがすごい	102
人口分布	104
ヒマラヤ山脈	106
見どころ	108
気候	110
野生の生き物たち	112
夜の大陸	114

オセアニア

国と国境	118
地理的な特徴	120
こんなところがすごい	122
人口分布	124
ニュージーランド	126
見どころ	128
気候	130
野生の生き物たち	132

北極／南極

南極	136
北極	138

太平洋／大西洋／インド洋

太平洋	142
大西洋	144
インド洋	146

世界の国と地域

世界の国と地域	150
用語解説	156
索引	158
Acknowledgements	160

カンガルー

南極点

記載されているデータは原書発行当時の情報に基づきます。

太古の地球

降り注ぐ岩石
地球ができ始めた頃、地表には宇宙から岩石などが次々と衝突して溶け、活発な火山活動を引き起こした。

太古の地球

あるとき宇宙で恒星が大爆発し、大量の星間物質を撒き散らしました。その星間物質が徐々に凝縮してできたのが今の太陽です。太陽の周りにあった宇宙のちりは長い時間をかけて集まり、太陽の周りを回る惑星となりました。惑星は大きくなるにつれて重力が大きくなり、宇宙のちりをより多く集めるようになり、さらに成長していきました。そうしてできた惑星のひとつが地球です。太陽が誕生して間もない46億年前のことです。

地球は岩石でできた丸い惑星です。中心（核）は溶けた金属で構成され、表面は地殻と呼ばれる薄い殻に覆われています。地球の内部はいくつかの層に分かれていますが、それは地球ができ始めた頃に形作られました。溶けた地核から出る熱によって地球の内部には対流が生じ、それに乗って地殻を構成する巨大な厚い岩板、プレートが絶えず動いています。動き続けるプレートどうしはたがいにぶつかったり、押しのけ合ったりすることで、地震や激しい火山活動が起こり、山脈や大陸が生まれ、やがて生物が誕生する環境が整いました。

地球が形作られた過程を示したイラスト。
小さな岩のかけらやちりが集まり、やがて大気に覆われた惑星となった。

大気
二酸化炭素の濃度が高かった。現在よりも気圧が高く、水の沸点が高くなることから、気温が今よりかなり高くても水は液体の状態を保つことができた。

雲
空には水滴が集まった雲が今と同じくらい多く見られただろう。

最初の海
最初の生物は水の中で誕生するが、最初の海ができたのは44億年前から42億年前の間のようだ。

地球に最初に誕生した生物は現在のバクテリアの

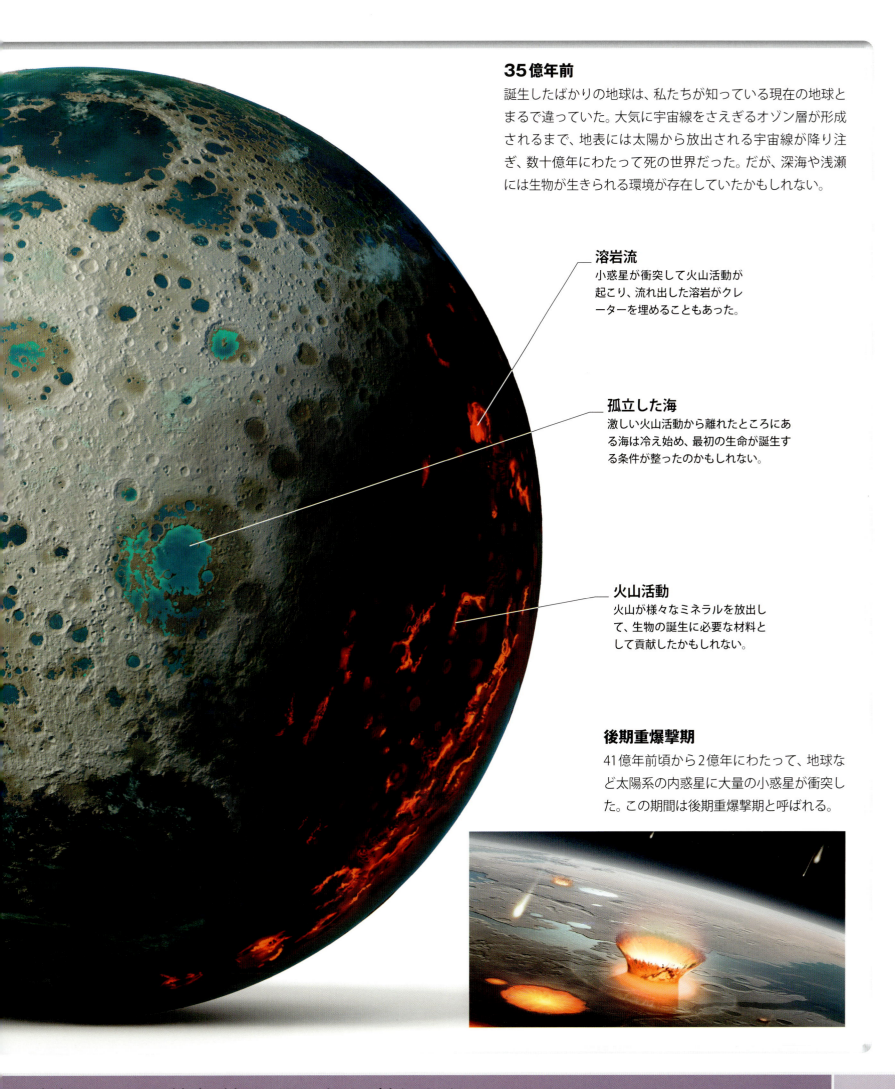

35億年前
誕生したばかりの地球は、私たちが知っている現在の地球とまるで違っていた。大気に宇宙線をさえぎるオゾン層が形成されるまで、地表には太陽から放出される宇宙線が降り注ぎ、数十億年にわたって死の世界だった。だが、深海や浅瀬には生物が生きられる環境が存在していたかもしれない。

溶岩流
小惑星が衝突して火山活動が起こり、流れ出した溶岩がクレーターを埋めることもあった。

孤立した海
激しい火山活動から離れたところにある海は冷え始め、最初の生命が誕生する条件が整ったのかもしれない。

火山活動
火山が様々なミネラルを放出して、生物の誕生に必要な材料として貢献したかもしれない。

後期重爆撃期
41億年前頃から2億年にわたって、地球など太陽系の内惑星に大量の小惑星が衝突した。この期間は後期重爆撃期と呼ばれる。

先祖で、35億年前に現れたと考えられている。

5億年前

この時代に入るまでに、地球には2つの大陸ができていた。大きい大陸はゴンドワナと呼ばれ、大部分が熱帯だった。ローレンシア大陸（現在の北アメリカ）も極地から熱帯に移動し、赤道近くで止まった。気温は地球全体で温暖だったが、寒冷化が始まっていた。

海の中では

温かい浅い海では、足の生えたミミズのようなハルキゲニアなどの無脊椎海洋動物をはじめとする多くの生き物が誕生した。

ハルキゲニア

4億2000万年前

大陸はさらに動き続けた。アバロニア（現在はブリテン島南部とカナダに分かれている）が北へ移動してローレンシアにぶつかった。シベリアは北へ向かう一方、ゴンドワナは南へ向かい、現在のオーストラリア大陸と南極大陸の大部分が南半球に入った。海面の上昇が始まる。

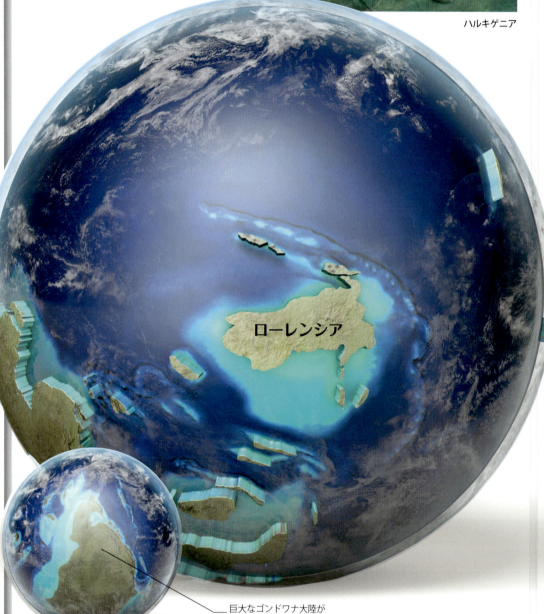
巨大なゴンドワナ大陸が熱帯に横たわっていた。
反対側

反対側

陸地は死の世界

二酸化炭素の濃度が現在より15倍高く、生物が陸上で生きることは不可能だった。

初期の藻類

陸上に植物は生えていなかったが、多くの藻類（植物のような水生生物）が現れて種類を増やしていた。

動物

酸素を呼吸する最初の動物としてヤスデ（下）が地上に現れた。

最初の昆虫は4億8000万年前

海の中では

最初のサンゴ礁と魚類が現れた。4億1900万年前のグイユオネイロスの化石が中国雲南省で見つかっている。

グイユオネイロス

3億8000年前

ローレンシアとバルティカが衝突し、イアペトゥス海が消滅してユーラシア大陸が形成された。この衝突によって、スカンジナビアから北アメリカのアパラチアまで伸びるアパラチア-カレドニア山脈が作られた。ゴンドワナが時計回りに回転してユーラシアに接近を始める。

海の中では

肉鰭類（四肢状のヒレが特徴的な魚）や顎を持つ肉食魚が数多く現れる「魚の時代」が到来した。また強力なダンクルオステウスなどの板皮類（頑丈な骨板に覆われた魚）も現れた。

ダンクルオステウス

反対側

植物

小さいもののまっすぐ立つクックソニアが、最初の植物のひとつとして地上に育ち始める。背丈が短く、茎が枝分かれしている。湿気った場所に茂っていた。

クックソニア

動物

最初の四肢動物（四つ足の動物）が現れた。最も初期のものはイクチオステガのように足の生えた魚だった。

イクチオステガ

アーケオプテリス

植物

大地はアーケオプテリスのような、シダの葉を生やし、種子を作る代わりに胞子を放出する木に似た植物によって、緑に変わった。こうした植物によって、本格的な森や沼沢地ができた。

頃に現れたと考えられている。

9

3億年前

3億年前までユーラシア大陸は、ゴンドワナと合体して、北半球の高緯度から南極まで広がるパンゲアと呼ばれる超大陸だった。南極は氷冠に覆われ、シベリアはヨーロッパ東部と衝突して、ウラル山脈ができた。

海の中では
魚やミクロブラキス(「小さな手足」という意味)などの水生四肢動物が、サンゴ礁、ウミユリ、腕足動物と海で共存していた。

ミクロブラキス

2億5000万年前

すべての大陸が巨大な超大陸パンゲアに吸収された。世界の海水面は低下し、シベリアでは火山の大爆発が起こり、灰とガスが噴き出て大気と海を汚染した。こうした出来事が地球規模の大量絶滅を引き起こした。

反対側

動物
オフィアコドンなどの四肢動物が殻つきの卵を産めるようになり、陸上に卵を産んでも乾燥することがなくなった。

オフィアコドン

植物
木生シダがうっそうと茂る沼地ができ、それが豊かな石炭層のもととなり、有翅昆虫など節足動物のすみかになった。

反対側

動物
トリナクソドンは地球規模の大量絶滅を生き延びた数少ない生き物のひとつだ。

トリナクソドン

2億5000万年前頃に起こった大量絶滅によって、

ヘリコプリオン

海の中では
海水面が低下して岩礁が露出し、大量絶滅によって推定95％の海洋種が死に絶えた。ヘリコプリオンは絶滅を逃れた数少ない種のひとつだ。

2億2000万年前
超大陸パンゲアの規模が最大となり、北極から南極まで広がった。海水面は下がったままだった。パンゲアは北に移動して反時計回りに回転した。恐竜をはじめとする新しい生物が地上に現れ始める。

海の中では
カメ、カエル、ワニ、そしてミクソサウルス（イルカに似たイクチオサウルス類）などの水生爬虫類が登場する。サンゴや軟体動物も進化し、新たな種が生まれた。

ミクソサウルス

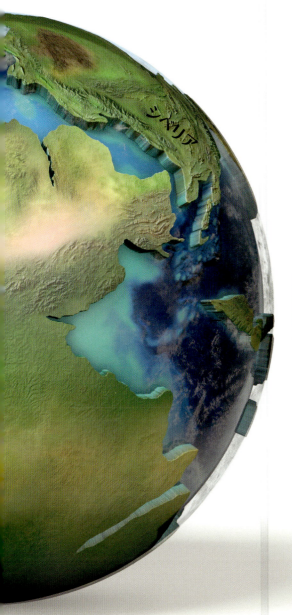
シベリア

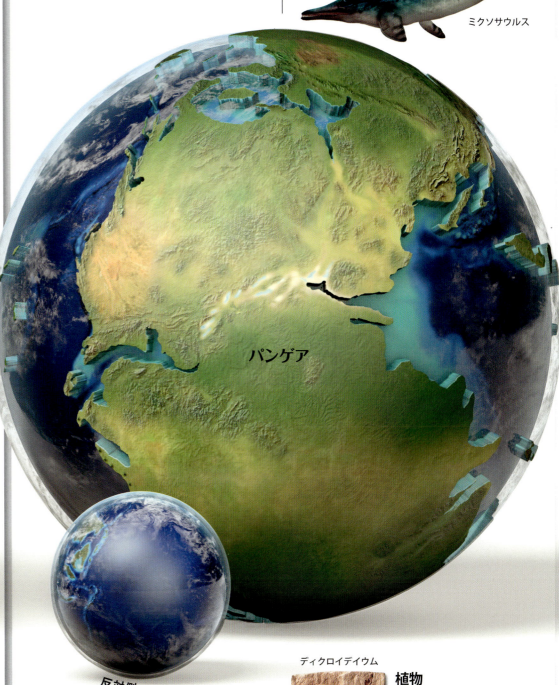
パンゲア

反対側

植物
植物種の半分が死に絶えた。グロッソプテリスも5000万年にわたって世界に生息地を広げながら、針葉樹、トクサ類、シダ類とともに衰退した。

グロッソプテリス

動物
最初のハエが現れ、ユーパルケリアのような初期の主竜類（「支配的な爬虫類」の意）が恐竜への進化の道を開いた。

ユーパルケリア

ディクロイデイウム

植物
植物は乾燥した気候に適応するようになる。針葉樹やシダ種子植物のディクロイデイウムがあらたに加わり、パンゲア全域に広がった。

現在知られている動植物種の半数以上が姿を消した。

11

1億8000万年前

超大陸パンゲアは北側がローラシア大陸、南側がゴンドワナ大陸へと分裂を始め、その間にテチス海ができ始める。気候は温暖で、氷河に覆われていた証拠は見つかっていない。

海の中では

魚類やイクチオサウルスなどの水生爬虫類が二枚貝類（ムラサキイガイなど）、ヒトデ、ウニとともに繁栄した。

イクチオサウルス

テチス海──超大陸パンゲアが2つに分裂したことで誕生した。

ローラシア

ゴンドワナ

反対側
バラパサウルス

動物
この時代は恐竜が地上を支配した。巨大な植物食恐竜のバラパサウルスもそのひとつだ。

植物
主に針葉樹、イチョウ、チリマツがローラシアに生い茂った。もっと南の熱帯地方には、シダやヤシの木に似たソテツも生えていた。

チリマツ

1億2000万年前

現在の海が形作られ始める。パンゲアの分裂がさらに進み、アフリカと南アメリカが離れていき、そこに南大西洋ができ始める。まだ北アメリカはヨーロッパとつながっていたが、インドは西部オーストラリアから離れて北へ向かい始める。

北アメリカ

南アメリカ

反対側

動物
プシッタコサウルスのような恐竜が地上を支配した。最初の哺乳類と有袋類が現れ、鳥類が空を飛び回っていた。

プシッタコサウルス

現在の哺乳類は1億2000万年前頃

海の中では
アーケロン(巨大なウミガメ)をはじめとする海洋爬虫類が繁栄し、ウミヘビやイソギンチャクとともに数を増やしていった。

8000万年前
海水面の上昇によって北アメリカの多くが水に浸かり、あらたに誕生した大西洋とメキシコ湾を結ぶ海路ができた。6500万年前までに、インドがアジア大陸にぶつかって火山が噴火した。メキシコには小惑星が衝突して、大量絶滅を引き起こした。

海の中では
新しい種類の甲殻類が進化を続け、首の長いアルベルトネクテスのような特徴的な海洋爬虫類が現れた。

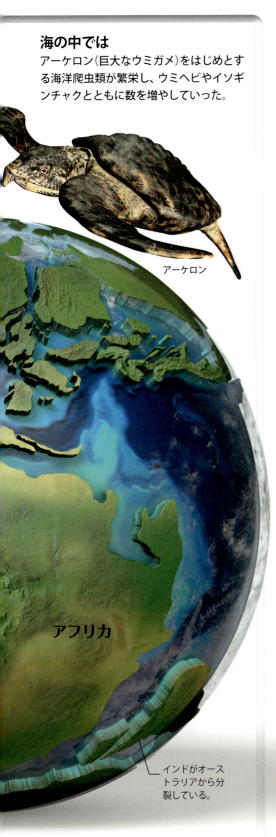
アーケロン

アルベルトネクテス

北アメリカ / ユーラシア / 南アメリカ / アフリカ / インド / アフリカ

インドがオーストラリアから分裂している。

反対側

トリケラトプス

植物
モクレンなど最初の被子植物(花を咲かせる植物)が大地に根づき、ハチなど受粉を助ける昆虫(花粉媒介昆虫)とともに進化していった。

動物
恐竜がさらに進化し、トリケラトプスなどがあらたに登場する。ヘビ、アリ、シロアリも現れた。

植物
もっとたくさんの顕花植物(花をつける植物)が地上に現れ始める。針葉樹やヤシのようなソテツが、種の入った松かさ(球果)のおかげで生育地を広げた。

から様々な種へ分化を始めた。

4000万年前

南アメリカと北アメリカはつながっておらず、南極がオーストラリアから分裂した。こうしてバラバラになった各大陸では、動物や植物が独自の進化を遂げた。ロッキー山脈やヒマラヤ山脈などの山岳地帯がプレートの縁にそって形成され、テチス海が消滅してアルプス山脈が生まれた。

海の中では

単細胞のプランクトンの種類が最大に達し、サンゴ礁が数を増やした。また大きさではその対極に位置する原始的なクジラのバシロサウルスも現れた。

バシロサウルス

5万年前〜1万8000年前

氷河期が周期的にやってきて海水面が上下し、氷河が拡大と後退を繰り返した。インドがアジアへさらに突き刺さり、オーストラリアはインドネシア方面へ向かい、アフリカとアラビアがヨーロッパとアジアへ迫っていった。フランスとイギリスは陸続きだったが、海水面が上昇してイギリス海峡ができて分かれた。

反対側

動物
ガ、チョウ、鳥類、コウモリが空を飛び、その下にはサイ、ラクダ、原始的なウマのプロトヒップスがいた。

プロトヒップス

植物

草原が大陸じゅうに広がり、顕花植物や針葉樹が生い茂って、いたるところにブナのような落葉樹が加わった。

反対側

ケナガマンモス

動物
厚い毛皮で寒さから身を守るケナガマンモスのような巨大な哺乳類が現れた。

最古の洞窟壁画、スペインのエル・カスティージョ

バンドウイルカ

海の中では
イルカのような水生哺乳類が、水温の変化に適応したプランクトン類と共存していた。

現在
1万2000年前頃に最後の氷河期が終わって巨大哺乳類が絶滅した。その頃になると、人類が世界各地で繁栄を始める。人間の活動が引き金となって地球温暖化が起こり、自然の氷河期の周期に影響を与えている。それが地球の生態系にも大きな影響を与えているおそれがある。

海の中では
サンゴ礁をすみかとする生物は、全海洋種の4分の1にも上る。海の生態系は今も多様で、海には200万種の生物が生きている。

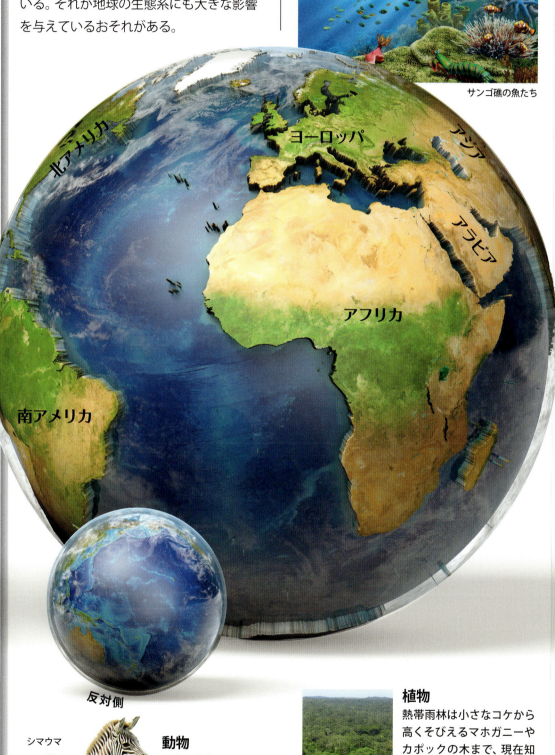

サンゴ礁の魚たち

反対側

植物
ステップ（木が生えないほど乾燥した草原）の植物が勢力を拡大した。大半の陸地はツンドラとなる。ツンドラは寒さが厳しく乾燥し、風も強いため、極めて硬い植物しか育たなかった。

シマウマ

動物
現在、陸上はシマウマをはじめとする推定600万種の動物のすみかとなっている。

植物
熱帯雨林は小さなコケから高くそびえるマホガニーやカポックの木まで、現在知られているだけで4万種の植物の生息地となっている。

洞窟にある赤い丸模様は、4万年前に描かれた。

北アメリカ

宇宙から見た北アメリカ
西半球の北半分のほとんどを占める巨大な大陸である。宇宙からでも五大湖やロッキー山脈がはっきりと見える。

国と国境

世界第2位の面積を誇るカナダと世界一の経済大国であるアメリカ合衆国が、北アメリカ大陸の大部分を占めています。中央アメリカにある7つの国は、以前は貧困や戦争に苦しめられていましたが、最近は平和になり、経済も回復しています。

3番目に広く、人口の多さは第4位だ。

こんなところがすごい

一番広い湖：
スペリオル湖（アメリカ合衆国／カナダ）…8万3270km²

一番深い湖：
グレートスレーブ湖（カナダ）
水深614m

一番長いトンネル

鉄道のトンネル
マウントマクドナルドトンネル（カナダ、コロンビア州）…14.7km

地下鉄のトンネル
アングリニョン駅～オノレ・ボーグラン駅間（カナダ・モントリオール地下鉄グリーンライン）…22.1km

道路のトンネル
テッド・ウィリアムス・エクステンション（アメリカ合衆国、ボストン）…4.2km

時間帯の数：**10**

世界は39の時間帯に分かれている。大半の時間帯は協定世界時間（UTC）と呼ばれるロンドン（イギリス）のグリニッジ子午線における時間から1時間単位で足し引きした時間に定められているが、さらに30分か45分足し引きした時間帯もある。この地図にあるようにロンドンが12時のとき、ロサンゼルスは（UTCから8時間遅れの）4時となる。

一番活発な火山
キラウエア火山（アメリカ合衆国ハワイ州、キラウエア）

公用語の数：**7**
アメリカインディアン諸語・クレオール語・デンマーク語（グリーンランド）・オランダ語・英語・フランス語・スペイン語

利用者が一番多い空港
ハーツフィールド・ジャクソン・アトランタ国際空港（アメリカ合衆国アトランタ）…年間利用者数1億148万9887人

一番速い列車
北アメリカ最速の列車はアメリカ合衆国のアセラ・エクスプレス。最高時速240kmを出すことができる。

滝

- 最大規模（水量）:
ナイアガラの滝
（アメリカ合衆国／カナダ）
毎分2406.9m³

最大落差：
オロウペナの滝
（アメリカ合衆国
ハワイ州モロカイ島）
900m

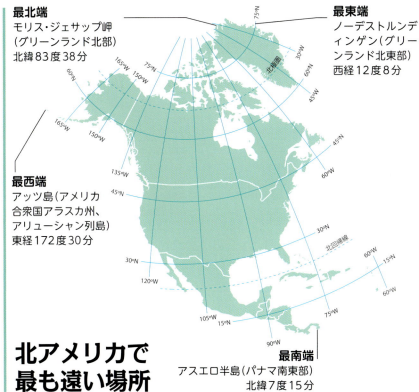

最北端
モリス・ジェサップ岬
（グリーンランド北部）
北緯83度38分

最東端
ノーデストルンディンゲン（グリーンランド北東部）
西経12度8分

最西端
アッツ島（アメリカ合衆国アラスカ州、アリューシャン列島）
東経172度30分

最南端
アスエロ半島（パナマ南東部）
北緯7度15分

北アメリカで最も遠い場所

一番海岸線が長い国

カナダ…20万2080km

一番長い橋

ポンチャートレイン湖コーズウェイ
（アメリカ合衆国ルイジアナ州）…38.442km

一番高い橋

ロイヤル・ゴージ橋
（アメリカ合衆国コロラド州）…291m

一番大きい氷河

ベーリング氷河
（アメリカ合衆国アラスカ州）

観光客の多い都市トップ5

- ニューヨーク（アメリカ合衆国） 1227万人/年
- ロサンゼルス（アメリカ合衆国） 520万人/年
- マイアミ（アメリカ合衆国） 452万人/年
- トロント（カナダ） 418万人/年
- バンクーバー（カナダ） 376万人/年

最も高い建物トップ5

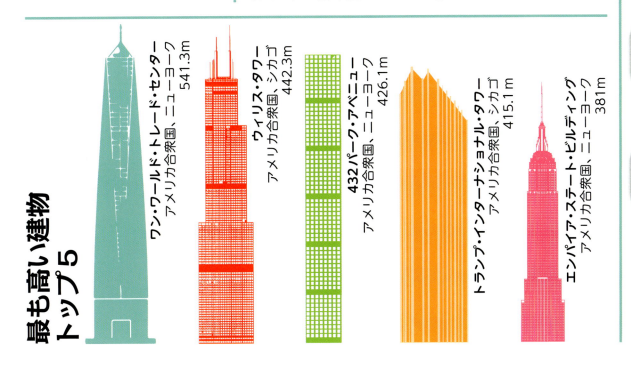

- ワン・ワールド・トレード・センター（アメリカ合衆国、ニューヨーク） 541.3m
- ウィリス・タワー（アメリカ合衆国、シカゴ） 442.3m
- 432パーク・アベニュー（アメリカ合衆国、ニューヨーク） 426.1m
- トランプ・インターナショナル・タワー（アメリカ合衆国、シカゴ） 415.1m
- エンパイア・ステート・ビルディング（アメリカ合衆国、ニューヨーク） 381m

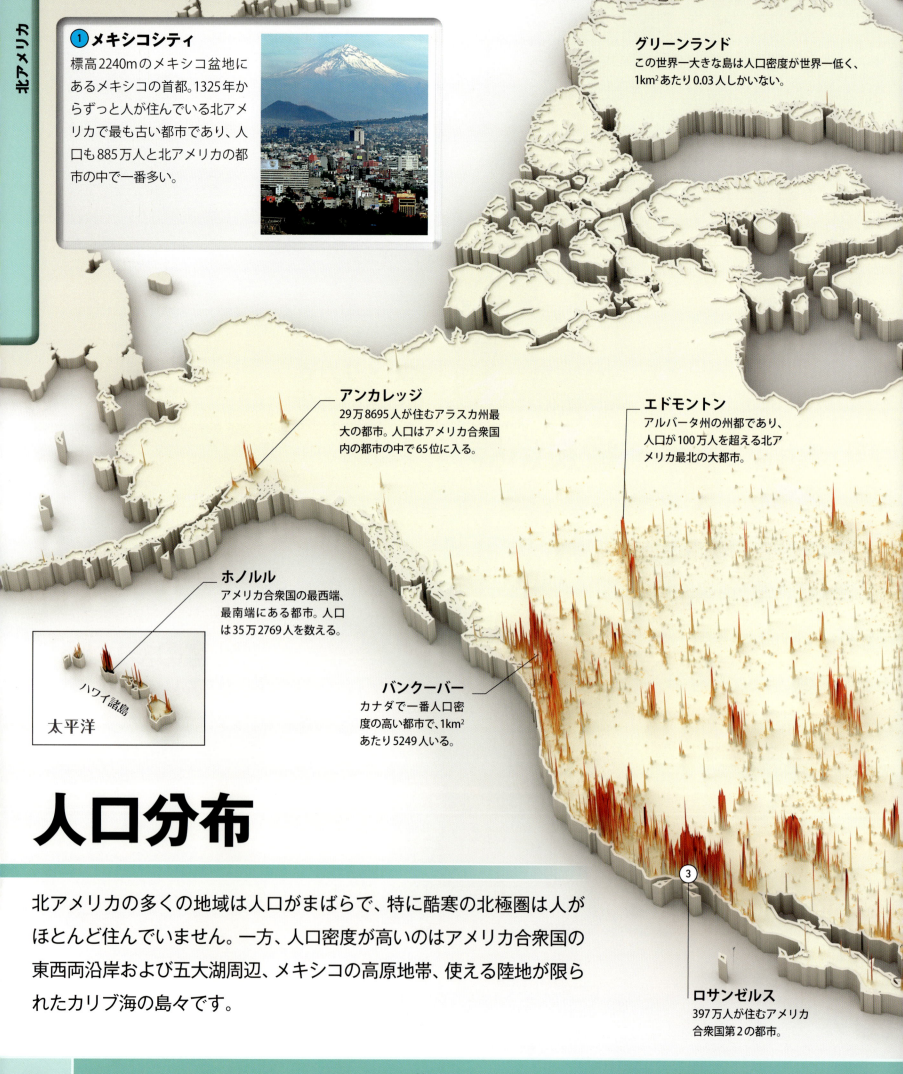

人口分布

北アメリカの多くの地域は人口がまばらで、特に酷寒の北極圏は人がほとんど住んでいません。一方、人口密度が高いのはアメリカ合衆国の東西両沿岸および五大湖周辺、メキシコの高原地帯、使える陸地が限られたカリブ海の島々です。

① メキシコシティ
標高2240mのメキシコ盆地にあるメキシコの首都。1325年からずっと人が住んでいる北アメリカで最も古い都市であり、人口も885万人と北アメリカの都市の中で一番多い。

グリーンランド
この世界一大きな島は人口密度が世界一低く、1km²あたり0.03人しかいない。

アンカレッジ
29万8695人が住むアラスカ州最大の都市。人口はアメリカ合衆国内の都市の中で65位に入る。

エドモントン
アルバータ州の州都であり、人口が100万人を超える北アメリカ最北の大都市。

ホノルル
アメリカ合衆国の最西端、最南端にある都市。人口は35万2769人を数える。

ハワイ諸島
太平洋

バンクーバー
カナダで一番人口密度の高い都市で、1km²あたり5249人いる。

ロサンゼルス
397万人が住むアメリカ合衆国第2の都市。

北アメリカで人口密度が最も高い10地域

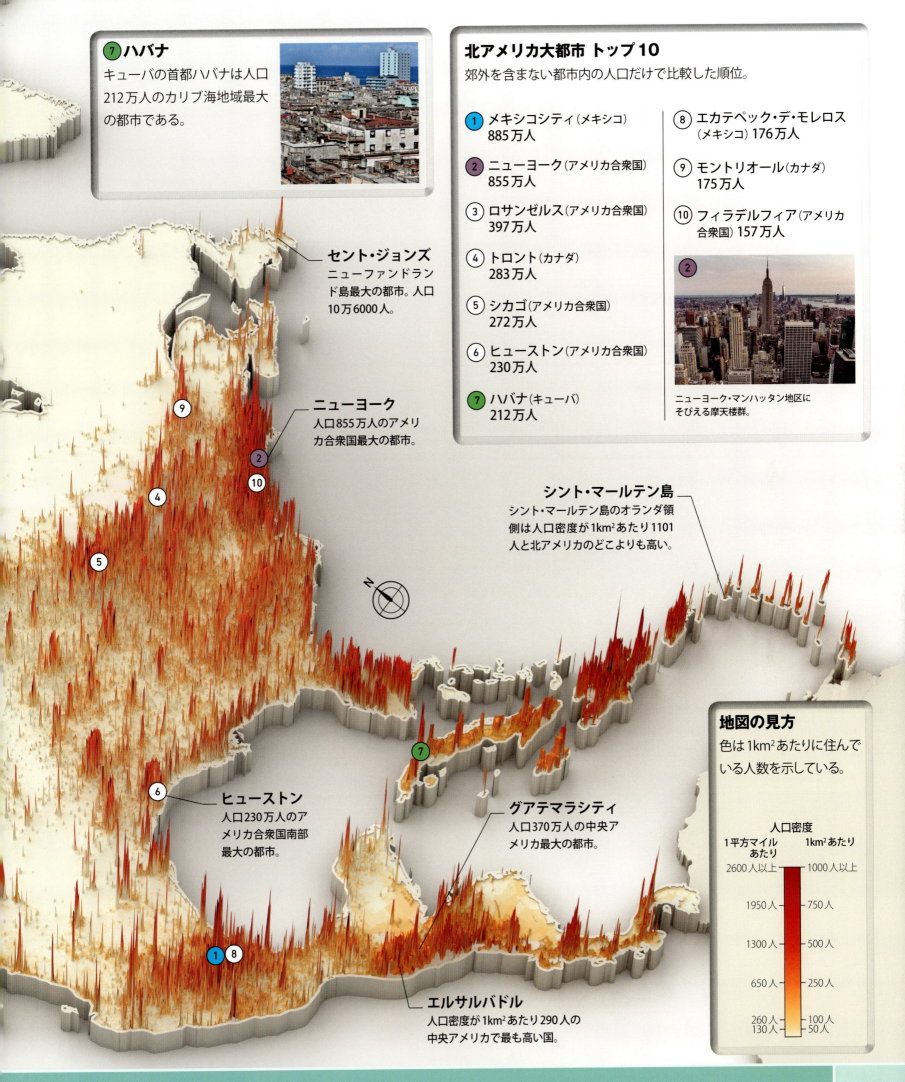

のうち、9地域がカリブ海にある。

25

グランドキャニオン

アメリカ合衆国アリゾナ州にあるグランドキャニオンは、コロラド川の流れが数百万年の歳月をかけて作りだした絶壁の渓谷です。全長は446kmにわたり、幅は最大29km、深さは1857mに達します。

グラナイトゴージ
グランドキャニオンで観光客が一番訪れるところ。コロラド川を下るラフティングの大半がここを起点としている。

グランドキャニオン・ビレッジ

グラナイト

グランドキャニオン

コロラド川

グランドキャニオン・ロッジ

ブライトエンジェルキャニオン

ケープロイヤル

ウェルハラ高原

グラナイトゴージ

デザートビュー

コロラド川

ペインテッド

ペインテッド砂漠
グランドキャニオンの東端から始まるこの砂漠は1万9425km²の広さがある。ペインテッド（色が塗られた）砂漠という名前のとおり、灰色から紫色、オレンジ色からピンク色まで様々な色の地層が見られる。

サウス・リム（南端）
90％近くの観光客が、まずはここからグランドキャニオンの雄大な眺めを目にする。

初めてグランドキャニオンを見たヨーロッパ人は、スペイン人

タカップキャニオン
グランドキャニオンのノース・リム（北端）に伸びる全長160kmの自然道（トレイルルート）。

グランドキャニオン・ビレッジ
この村には1800年代から人が住んでいる。ここまで観光客を運ぶグランドキャニオン鉄道の終着駅周辺に町ができていった。

ノース・リム（北端）
サウス・リムよりも標高が300m高く、普通はサウス・リムよりも気温が低い。

カイバブ高原
最大標高が2817mに達するこの高原にはうっそうと森が茂り、南に広がる低地が荒野なのと対照的だ。

コックスコーム
グランドキャニオンの北へと走るトレイルエリア。最も高いコックスコーム・ロックは標高1527mに達する。

カイバブ国有林
南北グランドキャニオンの間に広がる面積67万ヘクタールの森林地帯。

コロラド川
ロッキー山脈を水源とするこの川の全長は2330kmあり、メキシコを通ってカリフォルニア湾へと注ぐ。

マーブルキャニオン
グランドキャニオンはここから始まる。マーブル（大理石）という名前だが、大理石でできているわけではない。岩肌に見える石灰岩の色が大理石に似ていることから、マーブルキャニオンと呼ばれるようになった。

のガルシア・ロペス・デ・カルデナス。1540年のことだ。

北アメリカ

● チチェン・イッツァ
マヤ文明最大かつ最も有名な遺跡であるメキシコのチチェン・イッツァは、750年から1200年まで大都市として栄えた。一番の見どころはエル・カスティージョ（ククルカンの神殿）と呼ばれるピラミッドで、四面に作られた階段の段数と最上段の神殿の1段を足すと1年の日数と同じ365になる。

イルリサット・アイスフィヨルド
北極圏を北に350km入ったところに位置し、たくさんの氷山が見られることから人気の観光地になっている。

イルリサット・アイスフィヨルド
（グリーンランド）

シシャルディン山
アメリカ合衆国、アラスカ

シシャルディン山
アリューシャン列島で一番高いシシャルディン山（標高2857m）は、世界で最も左右対称な円錐形の活火山だ。

スカン・グアイ
カナダ、ブリティッシュコロンビア

ザ・バウ
カナダ、カルガリー

スペースニードル
アメリカ合衆国、シアトル

オールド・フェイスフル
アメリカ合衆国、ワイオミング

ラシュモア山の大統領像
アメリカ合衆国、サウスダコタ

レッドウッド国立公園
アメリカ合衆国、カリフォルニア

ゴールデンゲートブリッジ
1937年に開通したこの橋は、世界の吊り橋の中で最大支間長（橋の下に支えがない区間）が一番長く、1280mに達する。

フーバーダム
アメリカ合衆国、ネバダ/アリゾナ

チャコ文化国立歴史公園
アメリカ合衆国、ニューメキシコ

ゴールデンゲートブリッジ
アメリカ合衆国、サンフランシスコ

ハリウッドサイン
アメリカ合衆国、ロサンゼルス

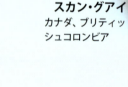

マウナロア山
アメリカ合衆国、ハワイ島

ハワイ諸島

太平洋

アメリカ合衆国は世界で2番目に観光客が多い。

地図の見方
○ 見どころの位置

メキシコシティの中央広場、ソカロは北アメリカで

見どころ

高くそびえる火山から、セコイアが作る巨木の森、うなりをあげて落ちる滝、目もくらむような超高層ビル、古代文明の遺跡、植民地時代の建物まで、北アメリカでは壮大な自然と人が作った素晴らしい建築物が見事に同居しています。

ヌークの大聖堂
グリーンランド

ランス・オ・メドー
コロンブスが新世界を発見する500年近く前の西暦1000年頃にバイキングが築いた入植地。

ランス・オ・メドー
カナダ、ニューファンドランド島

CNタワー
カナダ、トロント

シャトー・フロンテナック
カナダ、ケベック・シティ

ルーネンバーグ教会
カナダ、ノバスコシア

自由の女神
アメリカ合衆国、ニューヨーク

ナイアガラの滝
アメリカ合衆国/カナダ

ナイアガラの滝
カナダとアメリカ合衆国の国境地帯に広がる3つの滝をあわせてナイアガラの滝と呼んでいる。その中で一番大きいホースシュー滝の平均落差は57mある。

ホワイトハウス
アメリカ合衆国、ワシントンD.C.

ホワイトハウス
1792年から1800年にかけて建設されたアメリカ合衆国大統領の公邸。

ケネディ宇宙センター
アメリカ合衆国、フロリダ

ポバティ・ポイントの記念碑的土塁群
アメリカ合衆国、ルイジアナ

グラン・テアトロ
キューバ

国民宮殿
ドミニカ共和国

ブリッジタウン時計塔
バルバドス

アラモ
アメリカ合衆国、テキサス

チチェン・イッツァ
メキシコ

メトロポリタン大聖堂
メキシコ

オスピシオ・カバーニャス
メキシコ

コパン
ホンジュラス

テアトロ・ナショナル
コスタリカ

パナマ運河
パナマ

パナマ運河
大西洋と太平洋を結ぶ全長77kmの人工水路。

一番観光客の多い観光地で、毎年8500万人が訪れる。

29

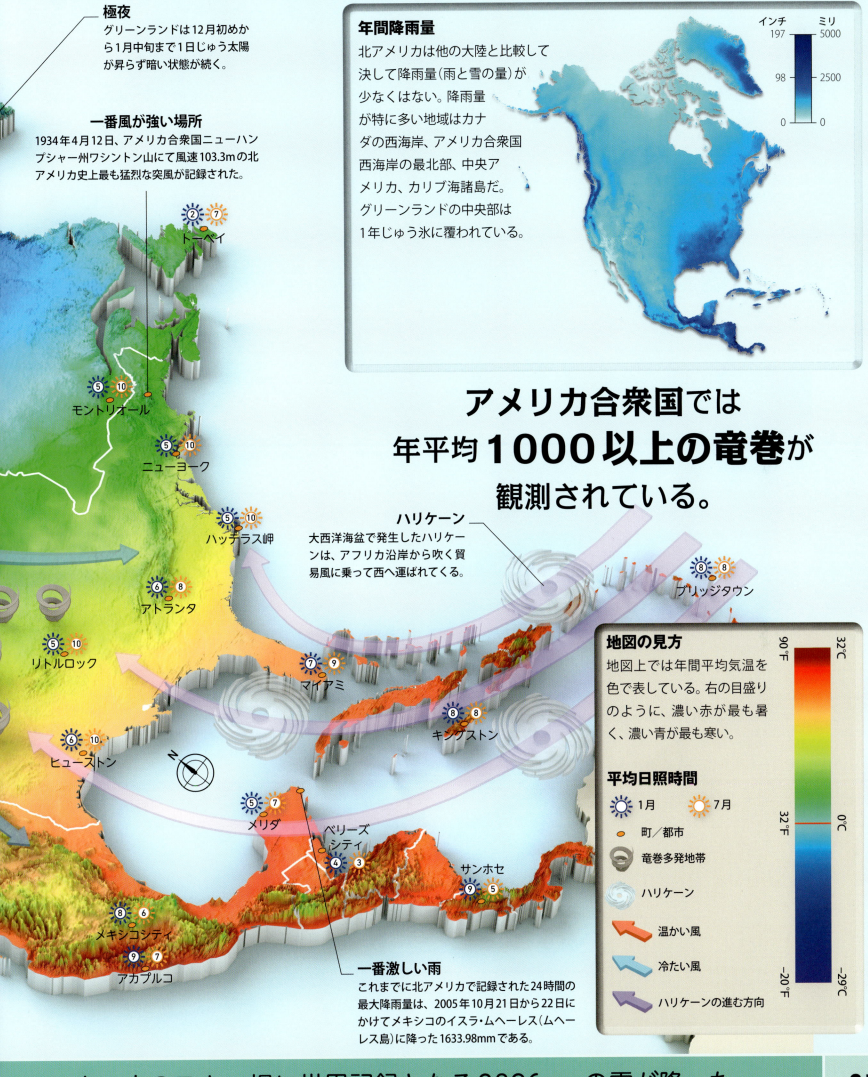

生物群系（バイオーム）

南方の落葉樹林から北極圏のツンドラまで北アメリカの生体群系は多様だ。生物群系とは、ある動植物の集団を特徴とする大まかな地形の区分である。

- 氷床
- ツンドラ
- 北方樹林／タイガ
- 温帯針葉樹林
- 温帯広葉樹林
- 温帯草地
- 地中海性
- 熱帯針葉樹林
- 熱帯広葉樹林
- 熱帯乾燥広葉樹林
- 熱帯／亜熱帯草地
- 砂漠
- 氾濫草地
- マングローブ

セイウチ — 牙を使って1500kgの巨体を水の中から引き上げる。

ゼニガタアザラシ — この一般的なアザラシは水中を泳ぐときに脈拍が遅くなる。

ジャコウウシ — 発情期にオスが発する強烈な臭いからそう呼ばれる。

ワモンアザラシ — このアザラシは45分間水中で息を止めていられる。

アメリカバイソン — 体重が最大で1000kgに達する北アメリカ最大の陸上哺乳類。

シロフクロウ — 昼間に狩りをする珍しいフクロウ。

アメリカクロクマ — 引っ込められない短い爪のおかげで木登りが得意。

ホッキョクジリス — 夏の間に体重を2倍に増やして、7か月におよぶ冬眠に備える。

トド — アシカ科の最大種。オスの成獣は1000kgに達することがある。

アンテロープ（レイヨウ） — 北アメリカ最速の陸上動物。最高時速は88.5kmに達する。

アメリカアカシカ — オスはつがいとなるメスをめぐって角をぶつけ合って戦う

ドールビッグホーン — 湾曲した太い角を持つ羊の一種。冬の間は角の成長が止まる。

タイリクオオカミ — 獲物を最大80km追跡することができる。

シマスカンク — 強烈な悪臭がする分泌液を放出し、それは1.6km先まで臭う。

コヨーテ — イヌ科に属する夜行性動物で、見つけたものを何でも食べる。

ハワイ諸島

太平洋

ハワイモンクアザラシ — ハワイ固有の唯一のアザラシ。絶滅が危惧される。

ホホジロザメ — 泳ぎやすい流線形をしており、強力な顎にはナイフのように鋭い歯が7列も生えている。

イヌワシ — 北アメリカ最大の猛禽類で、垂直降下の速度は時速320kmに達する。

ビッグホーン — オスの角は骨格全体よりも重い。

北アメリカには457種の哺乳類、4000種のクモ綱（クモや

カナダ
領土は広大（ロシア連邦に次いで世界第2位）ながら、そのうちの90％が居住に適さない。北極圏周辺の厳しい寒さは人が住むには過酷である。

ハワイ
ハワイ諸島の主だった島の中で一番人口が多いオアフ島には95万3000人が住んでいる。

太平洋

ハワイ諸島

カリフォルニア
ロサンゼルス-ロングビーチ-アナハイム地域はアメリカ合衆国で最も人口密度が高い。

夜の大陸

この夜の北アメリカを見れば、どこに人が住んでいるか一目瞭然です。主要な都市はアメリカ合衆国の東半分、カリフォルニア、メキシコ中央部に集中し、大陸の北半分はほとんど人が住んでいません。

34　　　　アメリカ合衆国を構成する50州の中で、

メイン州は都市部の人口が最も少ない（38.7％）。

35

南アメリカ

山脈と森林
北はカリブ海から南はティエラ・デル・フエゴまで広がる南アメリカ大陸。その大部分をアンデス山脈とアマゾンの広大な熱帯雨林が占めている。

大西洋

ベネズエラ
南アメリカ最大の石油埋蔵量を誇る。この国の経済にとって石油産業は極めて重要だ。

フランス領ギアナ
南アメリカ本土に残る唯一の植民地で、フランスが統治している。

コロンビア
1819年に独立してから11年間は、ベネズエラやエクアドルも領土の一部だった。

ペルー
インカ帝国の領土は現在のペルーとおおむね一致する。インカ帝国は1533年にフランシスコ・ピサロ率いるスペイン兵たちによって滅ぼされた。

シモン・ボリバル
「解放者」として有名なシモン・ボリバル（1783～1830年）はベネズエラ人将校で、スペイン帝国から南アメリカを独立させる戦いで大きな役割を果たした。ボリバルが考えた大陸統一の夢は、今でも南アメリカの人々に希望を与えている。

国と国境

南アメリカの大半は数世紀にわたって、スペインかポルトガルの支配を受けました。19世紀初めまでにほとんどの国が独立を果たしましたが、かつての支配者の言葉や文化が今もなお南アメリカに暮らす人々の生活を形作っています。

南アメリカの中でブラジルと国境を接しない

主なデータ

総面積：
1784万km²

総人口：
4億1000万人

国の数：
12か国

最も大きい国：
ブラジル
851万5770km²

最も小さい国：
スリナム
16万3820km²

最も人口の多い国：
ブラジル
2億430万人

ブラジルの都市リオデジャネイロは世界最大のカーニバルの開催地となっている。

ブラジル
1494年に締結されたトルデシリャス条約によって、南アメリカはスペインとポルトガルに分割された。条約で定められた分割線の東側がポルトガルに割譲され、これがのちにブラジルとなった。

ボリビア
シモン・ボリバルにあやかって名付けられたこの国は、1825年に共和国として独立した。

チリ
ベルナルド・オイギンスとホセ・デ・サン・マルティンの2人の革命家が、1818年にチリを独立へと導いた。現在この2人はチリの最大の英雄とされている。

フォークランド諸島
自治が行われるイギリスの植民地。1982年にアルゼンチンが侵攻し、短期間だったが多くの犠牲者を出す戦争が起こった。

大西洋

地図の見方
● 首都　● 主要都市

国はチリとエクアドルしかない。

地理的な特徴

南アメリカの地形は、北部沿岸の熱帯雨林からティエラ・デル・フエゴの凍てつくフィヨルドまで、極めて多彩です。西海岸にはアンデス山脈が伸び、アマゾン盆地が南アメリカ大陸の中核を占めています。南にはパンパと呼ばれる草原が広がっています。

③ チチカカ湖

南アメリカ最大の湖で、船が通れる湖としては世界で最も高い標高3800mにある。ウル族の居住地であり、彼らは葦でできた浮島に住んでいる。浮島のひとつには集会場や学校も建っている。

アマゾン川の河口にあるマラジョ島は

こんなところがすごい

一番大きい氷河
ピオ11世氷河（チリ）
面積 1265km²
全長 66km

最も多くの国と国境を接している国

ブラジル（10）
フランス領ギアナ
スリナム、ガイアナ
ベネズエラ、コロンビア
ペルー、ボリビア、パラグアイ
アルゼンチン、ウルグアイ

一番長いトンネル

鉄道のトンネル
クアホネ－エル・サルヘント（ペルー）
14.72km

道路のトンネル
フェルナンド・ゴメス・マルティネス（コロンビア）
4.6km

公用語の数：5
ポルトガル語・スペイン語・英語・オランダ語・フランス語

一番海岸線が長い国
ブラジル
7491km

最も活発な火山
ビジャリカ火山（チリ）

利用者が一番多い空港
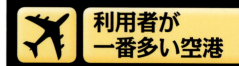
サンパウロ・グアルーリョス国際空港（ブラジル）
2015年度の利用者数 3596万人

滝
最大落差：
エンジェルフォール（ベネズエラ）
979m

最大規模（水量）：
イグアスの滝
（ブラジル/アルゼンチン）
毎秒 1756m³

時間帯の数：4

世界は39の時間帯に分かれている。大半の時間帯は協定世界時間（UTC）と呼ばれるロンドン（イギリス）のグリニッジ子午線における時間から1時間単位で足し引きした時間に定められているが、さらに30分か45分足し引きした時間帯もある。この地図にあるようにロンドンが12時のとき、リオデジャネイロは（UTCから3時間遅れの）9時となる。

最も高い建物 トップ5

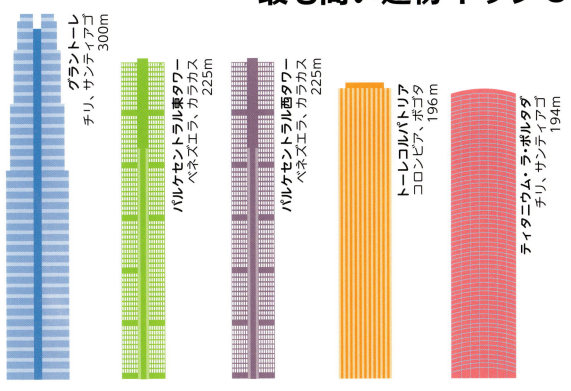

- グラントーレ チリ、サンティアゴ 300m
- パルケセントラル東タワー ベネズエラ、カラカス 225m
- パルケセントラル西タワー ベネズエラ、カラカス 225m
- トーレコルパトリア コロンビア、ボゴタ 196m
- ティタニウム・ラ・ポルタダ チリ、サンティアゴ 194m

観光客の多い都市 トップ5

- リマ（ペルー） 403万人/年
- サンパウロ（ブラジル） 230万人/年
- ブエノスアイレス（アルゼンチン） 202万人/年
- リオデジャネイロ（ブラジル） 137万人/年
- ボゴタ（コロンビア） 126万人/年

南アメリカで最も遠い場所

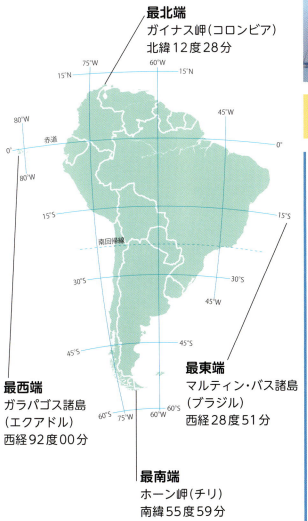

- 最北端 ガイナス岬（コロンビア） 北緯12度28分
- 最東端 マルティン・バス諸島（ブラジル） 西経28度51分
- 最西端 ガラパゴス諸島（エクアドル） 西経92度00分
- 最南端 ホーン岬（チリ） 南緯55度59分

一番長い橋

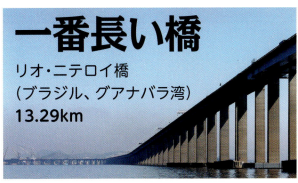

リオ・ニテロイ橋
（ブラジル、グアナバラ湾）
13.29km

一番低い場所

カルボン湖
（アルゼンチン、サンタクルス）
湖面標高 **−104.9m**
地上で7番目に低い

周りをすべて陸地に囲まれた国：2　ボリビアとパラグアイ

最も高い山 トップ5

1. アコンカグア アルゼンチン 6959m
2. オホス・デル・サラード アルゼンチン/チリ 6880m
3. ボネテ アルゼチン 6872m
4. ピシス山 アルゼンチン 6774m
5. メルセダリオ アルゼンチン 6768m

人口分布

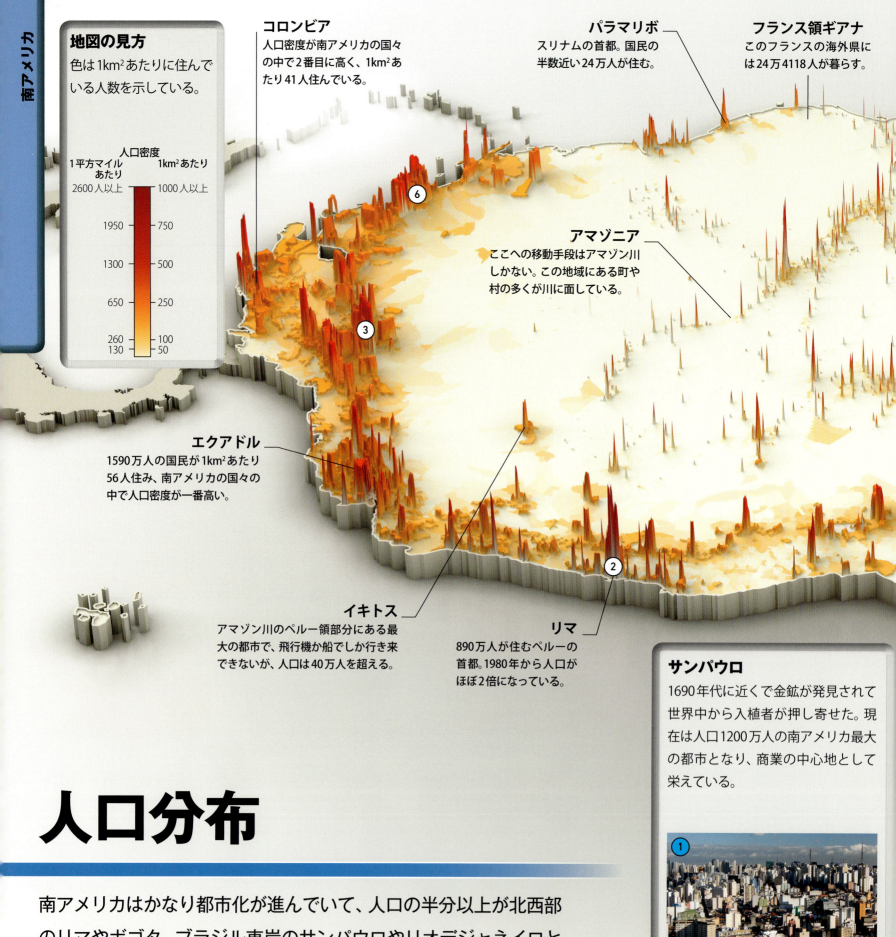

地図の見方
色は1km²あたりに住んでいる人数を示している。

人口密度
1平方マイルあたり / 1km²あたり
2600人以上 / 1000人以上
1950 / 750
1300 / 500
650 / 250
260 / 100
130 / 50

コロンビア
人口密度が南アメリカの国々の中で2番目に高く、1km²あたり41人住んでいる。

パラマリボ
スリナムの首都。国民の半数近い24万人が住む。

フランス領ギアナ
このフランスの海外県には24万4118人が暮らす。

アマゾニア
ここへの移動手段はアマゾン川しかない。この地域にある町や村の多くが川に面している。

エクアドル
1590万人の国民が1km²あたり56人住み、南アメリカの国々の中で人口密度が一番高い。

イキトス
アマゾン川のペルー領部分にある最大の都市で、飛行機か船でしか行き来できないが、人口は40万人を超える。

リマ
890万人が住むペルーの首都。1980年から人口がほぼ2倍になっている。

サンパウロ
1690年代に近くで金鉱が発見されて世界中から入植者が押し寄せた。現在は人口1200万人の南アメリカ最大の都市となり、商業の中心地として栄えている。

高層ビルや近代的な建物で埋め尽くされたサンパウロ中心部。

南アメリカはかなり都市化が進んでいて、人口の半分以上が北西部のリマやボゴタ、ブラジル東岸のサンパウロやリオデジャネイロといった都市に住んでいます。一方、アマゾニア、アルティプラノ高原、パタゴニアは人口がまばらです。

44　　ブラジルは人口と面積の

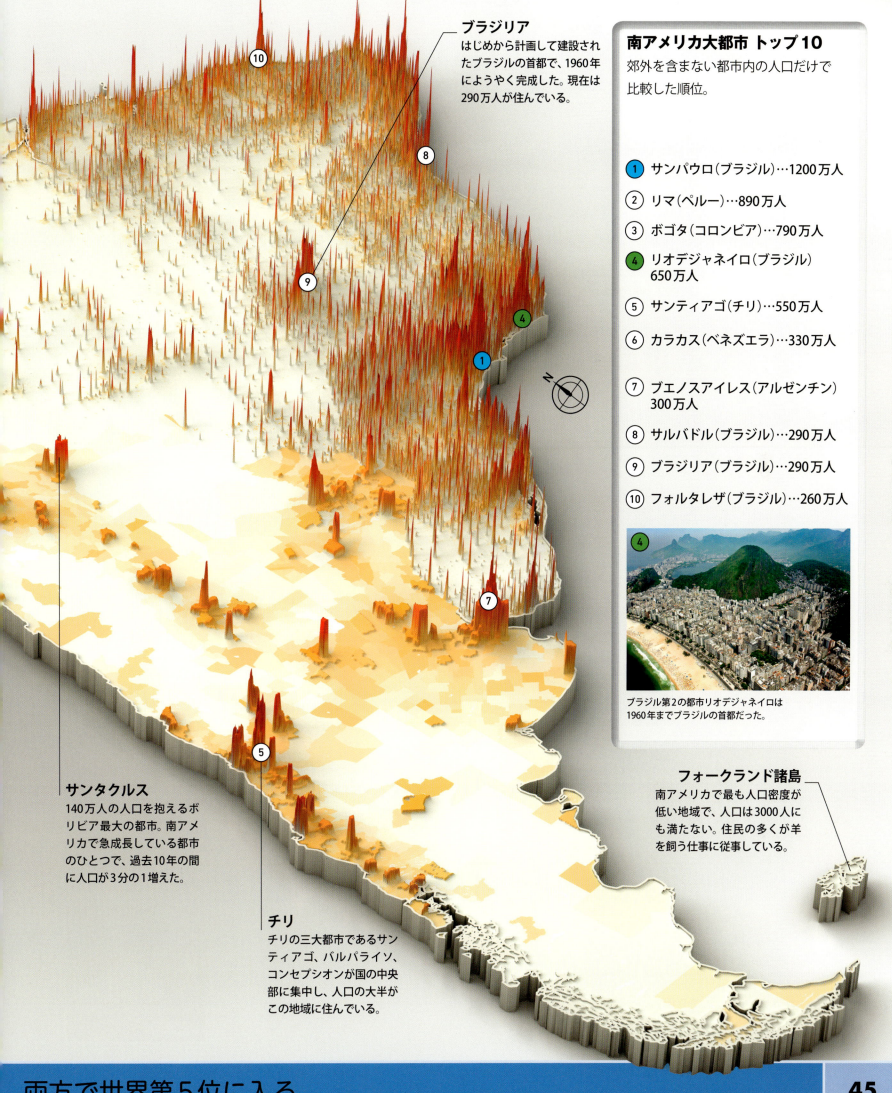

南アメリカ

2色の水が合流
焦げ茶色のネグロ川と泥を含んだアマゾン川がブラジルのマナウスで合流する。しかし、すぐに混ざらずに2色の川になる。

トランス・アマゾン・ハイウェイ
ブラジル東岸のジョアン・ペソアからアマゾニア内の都市ラブレアまでアマゾンを横断する道路。総延長は4000km近くに達する。

ペルーの熱帯雨林
ペルーは60％近くを熱帯雨林に覆われている。低地のアマゾンのジャングルだけでなく、高地にも熱帯雨林が広がり、多くの固有種の生息地となっている。

リャノ
この広大な草原は年に一度雨によって水浸しになり、一時的に巨大な湿地帯になる。多くの種類の水鳥や希少なオリノコワニの生息地となっている。

ベレン
ペルーの町、ベレンでは、建物が竹の支柱の上に建ち、住居は川に浮いていて、川の水位に合わせて上下するようになっている。

ミスミ山
ペルー側のアンデス山脈にあるミスミ山崖面の麓がアマゾン川の源流だ。源流には目印として十字架が立てられている。

46　アマゾン盆地の平均年間降雨量は2.3mに達し、

見どころ

南アメリカはインカの遺跡マチュピチュから近代建築がひしめくブラジリアまで、文化的な名所が驚くほど豊かです。さらにベネズエラのエンジェルフォール、チリやアルゼンチンの氷河など、息をのむような壮大な自然の神秘も見逃せません。

コルコバードのキリスト像

コルコバードの丘の上からリオデジャネイロ市街を見下ろすキリストの像は、南アメリカで一、二の人気を誇る名所である。高さ39mの像は5年の歳月をかけて1931年に完成した。

○ ブラジル第2の都市、リオデジャネイロにそびえる巨大なイエス・キリスト像。

48 アルゼンチンにはクエバ・デ・ラス・マノスという、たくさんの手形で

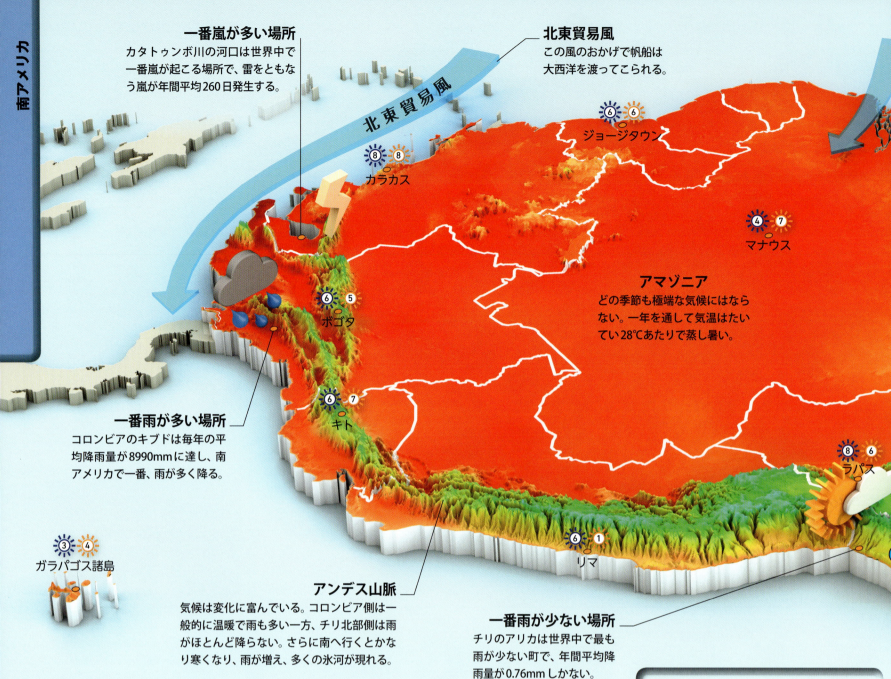

一番嵐が多い場所
カタトゥンボ川の河口は世界中で一番嵐が起こる場所で、雷をともなう嵐が年間平均260日発生する。

北東貿易風
この風のおかげで帆船は大西洋を渡ってこられる。

アマゾニア
どの季節も極端な気候にはならない。一年を通して気温はたいてい28℃あたりで蒸し暑い。

一番雨が多い場所
コロンビアのキブドは毎年の平均降雨量が8990mmに達し、南アメリカで一番、雨が多く降る。

アンデス山脈
気候は変化に富んでいる。コロンビア側は一般的に温暖で雨も多い一方、チリ北部側は雨がほとんど降らない。さらに南へ行くとかなり寒くなり、雨が増え、多くの氷河が現れる。

一番雨が少ない場所
チリのアリカは世界中で最も雨が少ない町で、年間平均降雨量が0.76mmしかない。

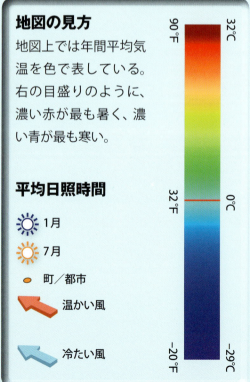

地図の見方
地図上では年間平均気温を色で表している。右の目盛りのように、濃い赤が最も暑く、濃い青が最も寒い。

平均日照時間
- ☼ 1月
- ☼ 7月
- ● 町／都市
- ➡ 温かい風
- ➡ 冷たい風

気候

北側のカリブ海沿岸の暑い熱帯から、冬は凍りつき、夏はジメジメした南端のティエラ・デル・フエゴまで、南アメリカの気候は地域によって様々です。アンデス山脈とアマゾン流域の熱帯雨林は独自の気候を作り出し、周りの地域に影響を与えています。

アタカマ砂漠の測候所には開設以来

野生の生き物たち

南アメリカの草原、山岳、熱帯雨林には驚くほど多くの種類の植物が茂り、動物がすんでいます。こうしたとても多様な環境は、地球上のほかのどこにも見られないたくさんの鳥類、哺乳類、両生類のすみかになっています。

ジャガーは泳ぎがすごく上手で、

南アメリカ

カラカス
ベネズエラの人口の89%が町や都市に集まり、首都のカラカスには530万人が住んでいる。

ガイアナ
人口73万5900人のうち町や都市に住んでいるのは30%に満たない。

エクアドル
人口の多くがラ・シエラと呼ばれるアンデス山脈の高地に住んでいる。主要都市であるクエンカや首都のキトなどもこの高地にある。

グアヤキル
重要な港であり、商業の中心地でもあるこの都市はエクアドル最大の都市であり、郊外もあわせて500万人が暮らしている。

リマ
このペルーの首都には郊外もあわせて1000万人近くが住んでいる。

南アメリカの全人口の半分近くがブラジルに住んでいる。

夜の大陸

エクアドル、コロンビア、ベネズエラの都市が放つまばゆい光が、南アメリカ北西部を明るく照らしています。ブラジル南東部の都市部は明るいですが、対照的に広大なアマゾニアは暗い闇で、熱帯雨林に点在するわずかな村落の明かりがちらほらと見えるだけです。

● **マナウス**
アマゾン熱帯雨林の中心部にあるマナウスは人口200万人のアマゾン最大の都市だ。活気あふれる港湾都市で、19世紀にはゴムの取引で巨万の富を築いた。

マナウスにあるアマゾナス劇場(テアトロ・アマゾナス)はアマゾニアで最も壮大な建物のひとつである。

54　　スリナムは南アメリカで一番人口がまばらな国で、

サルバドル
ブラジル北東部最大の都市で、290万人が住んでいる。

ブラジル
8000万人以上が南東部の大都市圏に住んでいる。

ポルト・アレグレ
ブラジル第10位の都市で、150万人が住んでいる。

● **ブエノスアイレス**
300万人が暮らすアルゼンチンの首都。政治・経済の中心であるこの都市は、活気あふれる夜の娯楽街としても有名で、一流の劇場やレストラン、音楽ホールがひしめき合っている。

アルゼンチンタンゴはブエノスアイレスのバーやカフェで今でも人気だ。

ウルグアイ
この国の人口340万人の95.3%が町や都市に住んでいて、都市人口の割合が南アメリカで一番高い。

コモドーロ・リバダビア
15万人以上が住む都市では、ここが南アメリカで最も南にある。人口は18万2631人。

サンティアゴ
チリの人口1750万人のうち3分の1が、首都であるこの都市に暮らしている。

パタゴニア
南アメリカの南端部に住む人々は200万人を下回る。

地図の見方
地図では都市部、市街地、道路を明るくし、地方と対比させている。

■ 地方
■ 都市部

1km² あたり平均4人しか住んでいない。

55

アフリカ

宇宙から見たアフリカ
赤道によって北半球側と南半球側に分けられ、他の大陸とは地中海、紅海、大西洋、インド洋によって隔てられている。

国と国境

19世紀に入り、それまであったいくつもの王国がヨーロッパ諸国によって分割されました。第二次世界大戦後に独立運動や内戦が起こった結果、新しい国が次々と誕生し、国境線が引き直され、領土問題が生まれています。

主なデータ

総面積
3033万5000km²

総人口
11億人

国の数
54か国

最も大きい国
アルジェリア…238万1741km²

最も小さい国
セーシェル…455km²

最も人口の多い国
ナイジェリア…1億8600万人

アフリカで一度も植民地化（他の国に支配）

地理的な特徴

アフリカには極端な自然環境や地形が多く見られます。北部と南部には砂漠が広がり、熱帯中央部と西部は熱帯雨林に覆われています。大地は東部に向かってせり上がり、エチオピア高原と大地溝帯で最も高くなり、そこにアフリカ有数の大きな湖や山脈が横たわっています。

主なデータ

① **一番高いところ：** キリマンジャロ山 標高5895m

② **一番長い川：** ナイル川 6695km

③ **一番大きい湖：** ビクトリア湖 6万9484km^2

④ **一番大きい島：** マダガスカル 59万4000km^2

コンゴ川が下っていくコンゴ盆地には、アマゾンに

61

こんなところがすごい

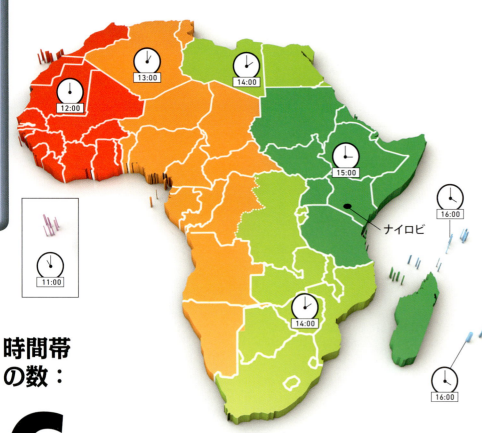

時間帯の数：6

世界は39の時間帯に分かれている。大半の時間帯は協定世界時間（UTC）と呼ばれるロンドン（イギリス）のグリニッジ子午線における時間から1時間単位で足し引きした時間に定められているが、さらに30分か45分足し引きした時間帯もある。この地図にあるようにロンドンが12時のとき、ケニアのナイロビは（UTCより3時間早い）15時となる。

最も多くの国と国境を接している国

タンザニア（8）
ブルンジ、コンゴ民主共和国、ケニア、マラウイ、モザンビーク、ルワンダ、ウガンダ、ザンビア

ザンビア（8）
アンゴラ、ボツワナ、コンゴ民主共和国、マラウイ、モザンビーク、ナミビア、タンザニア、ジンバブエ

一番長い橋
10月6日橋
（エジプト、カイロ）
20.5km

16 海がない国
ボツワナ、ブルキナファソ、ブルンジ、中央アフリカ共和国、チャド、エチオピア、レソト、マラウイ、マリ、ニジェール、ルワンダ、南スーダン、スワジランド、ウガンダ、ザンビア、ジンバブエ

一番高い橋
ブルークランズ橋（南アフリカ西ケープ州、ネイチャーズ・バレー）…216m

言語の数 2000語以上

湖

- 一番広い湖：
ビクトリア湖（ウガンダ/タンザニア/ケニア）
…6万9484km²

- 一番深い湖：
タンガニーカ湖（ブルンジ/コンゴ民主共和国/タンザニア/ザンビア）…水深1470m

滝

最大落差：
ツゲラの滝（南アフリカ）
948m

- 最大規模（水量）：
ビクトリアの滝
（ジンバブエ/ザンビア）
毎秒1008m³

一番海岸線が長い国　マダガスカル…4828km

 利用者が一番多い空港　O・R・タンボ国際空港（南アフリカ、ヨハネスブルク）　年間利用者数 **1916.4万人**

 一番長い鉄道
ブルートレイン線 プレトリア〜ケープタウン間（南アフリカ）
1600km

 一番長い地下鉄
カイロ地下鉄（エジプト）
78km

アフリカで最も遠い場所

最北端
ジャルタ（チュニジア）
北緯37度31分

最東端
ハフン岬（ソマリア）
東経51度24分

最西端
アルマディ岬（セネガル）
西経17度33分

最南端
アガラス岬（南アメリカ）
南緯34度52分

観光客の多い都市トップ5

- ヨハネスブルク（南アフリカ）360万人/年
- カイロ（エジプト）150万人/年
- ケープタウン（南アフリカ）140万人/年
- カサブランカ（モロッコ）110万人/年
- ダーバン（南アフリカ）80万人/年

最も活発な火山

ニアムラギラ山（コンゴ民主共和国）

一番低い場所

アッサル湖（ジブチ）
海面下156m

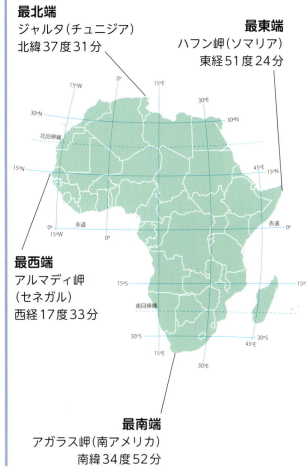

アフリカ

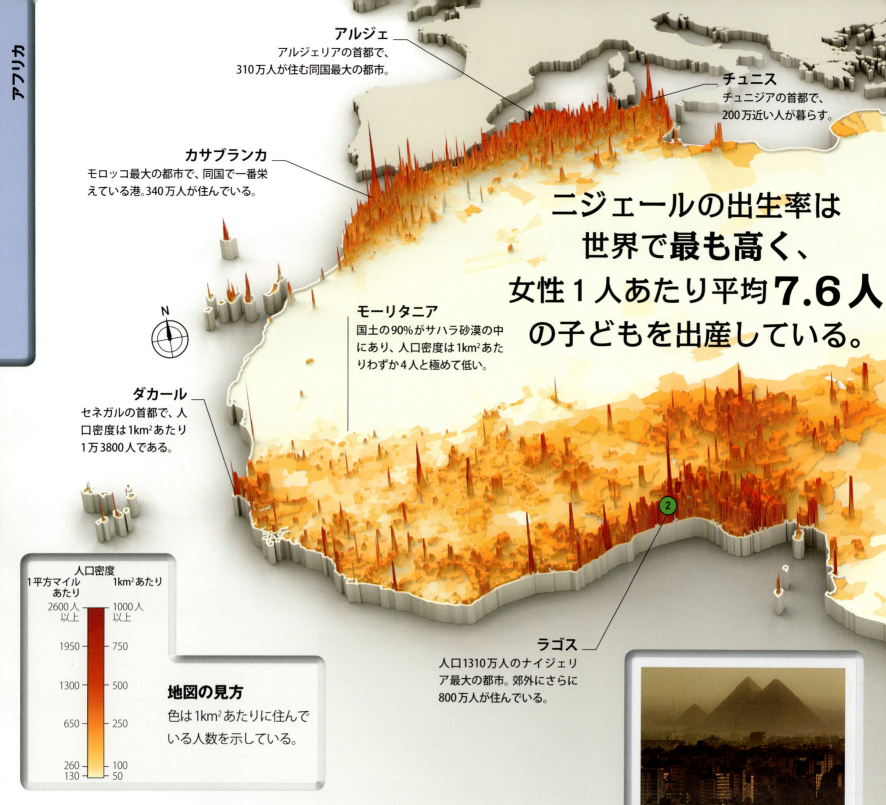

アルジェ
アルジェリアの首都で、310万人が住む同国最大の都市。

チュニス
チュニジアの首都で、200万近い人が暮らす。

カサブランカ
モロッコ最大の都市で、同国で一番栄えている港。340万人が住んでいる。

モーリタニア
国土の90%がサハラ砂漠の中にあり、人口密度は1km²あたりわずか4人と極めて低い。

ニジェールの出生率は世界で**最も**高く、女性1人あたり平均**7.6人**の子どもを出産している。

ダカール
セネガルの首都で、人口密度は1km²あたり1万3800人である。

ラゴス
人口1310万人のナイジェリア最大の都市。郊外にさらに800万人が住んでいる。

地図の見方
人口密度
1平方マイルあたり / 1km²あたり
2600人以上 / 1000人以上
1950 / 750
1300 / 500
650 / 250
260 / 100
130 / 50

色は1km²あたりに住んでいる人数を示している。

① カイロ（エジプト）
古代から続く都市で、1168年からエジプトの首都であるカイロは、1870万人が住むアフリカ最大の都市だ。さらに大カイロと呼ばれる都市圏が四方に広がり、そこに有名なガザのピラミッドも含まれる。

人口分布

人類の最も古い先祖が生まれたアフリカ大陸は、アジアに次いで2番目に人口が多い大陸です。しかし、とても大きな大陸なので人口密度は低く、ヨーロッパの半分しかありません。実際は一部の地域に人口が集中し、サハラ砂漠など他の地域には人がほぼ住んでいません。

史上初のヒト族（初期の人類）は、今から700万年

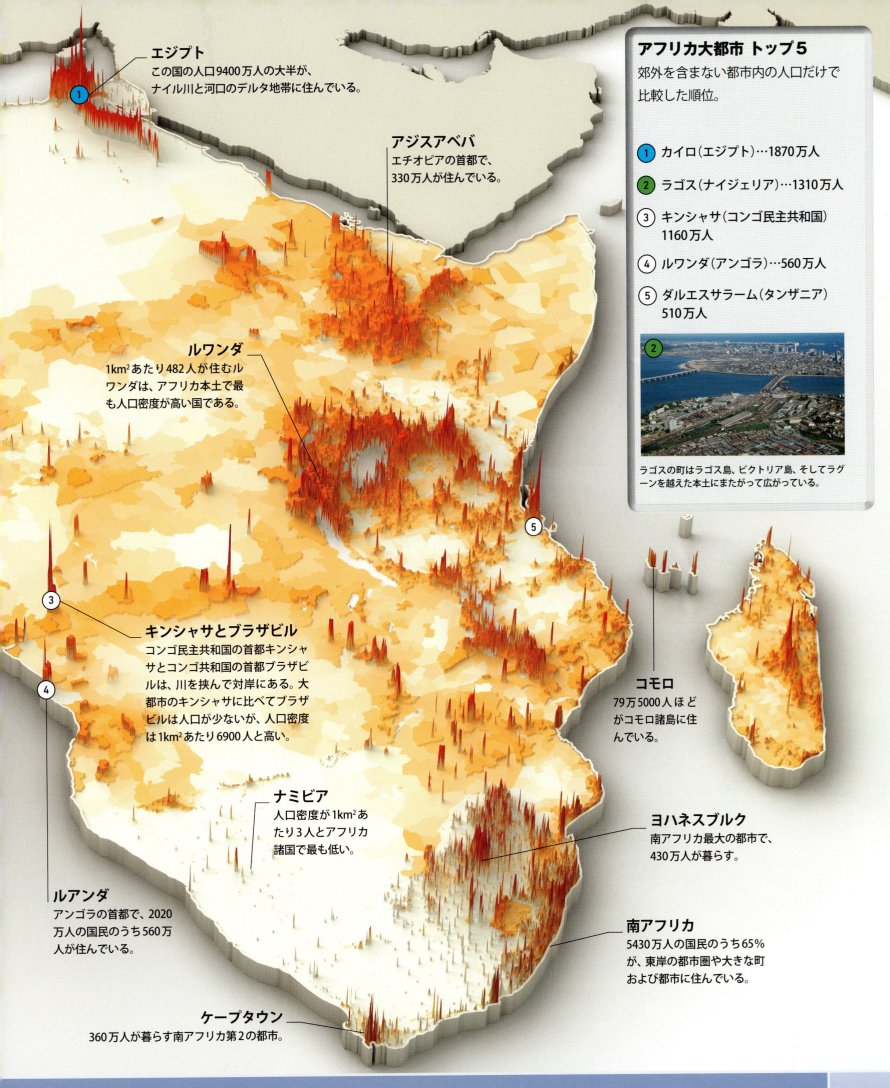

エジプト
この国の人口9400万人の大半が、ナイル川と河口のデルタ地帯に住んでいる。

アジスアベバ
エチオピアの首都で、330万人が住んでいる。

アフリカ大都市 トップ5
郊外を含まない都市内の人口だけで比較した順位。

1. カイロ（エジプト）…1870万人
2. ラゴス（ナイジェリア）…1310万人
3. キンシャサ（コンゴ民主共和国）1160万人
4. ルワンダ（アンゴラ）…560万人
5. ダルエスサラーム（タンザニア）510万人

ラゴスの町はラゴス島、ビクトリア島、そしてラグーンを越えた本土にまたがって広がっている。

ルワンダ
1km²あたり482人が住むルワンダは、アフリカ本土で最も人口密度が高い国である。

キンシャサとブラザビル
コンゴ民主共和国の首都キンシャサとコンゴ共和国の首都ブラザビルは、川を挟んで対岸にある。大都市のキンシャサに比べてブラザビルは人口が少ないが、人口密度は1km²あたり6900人と高い。

コモロ
79万5000人ほどがコモロ諸島に住んでいる。

ナミビア
人口密度が1km²あたり3人とアフリカ諸国で最も低い。

ヨハネスブルク
南アフリカ最大の都市で、430万人が暮らす。

ルアンダ
アンゴラの首都で、2020万人の国民のうち560万人が住んでいる。

南アフリカ
5430万人の国民のうち65%が、東岸の都市圏や大きな町および都市に住んでいる。

ケープタウン
360万人が暮らす南アフリカ第2の都市。

ほど前に南アフリカと東アフリカに現れた。

古代ローマの都市
ティムガッドはアフリカに数多く建設された古代ローマ植民地のひとつである。

ティムガッド
アルジェリア

レプティス・マグナ
古代ローマ遺跡
リビア

大ピラミッド
ギザにある3つのピラミッドの中で最も古いものは4500年以上前に作られた。

砂漠の休憩所
11世紀から12世紀にかけてサハラ砂漠を横断する旅人たちが、この交易地で休みを取った。

クトゥビーヤ・モスク
モロッコ、マラケシュ

アフゼジャレ・アーチ
リビア、アカクス山地

アルシェイのゲルタ
チャド

ウアダンの古いクスール
モーリタニア

クタマク
泥で作ったバタマリバ族の塔型住居（タキヤンタ）がトーゴのシンボルとなっている。

アガデス・モスク
ニジェール

アルシェイのゲルタ
サハラ砂漠で一番有名なゲルタ（砂漠の水たまり）で、数千年にわたって旅人や連れているラクダの休憩所となっている。

ゴレ島
セネガル

大モスク
マリ、ジェンネ

クタマク
トーゴ

オシュン-オショグボの聖なる木立
ナイジェリア

ザンガ-サンガ
特別保護区
中央アフリカ共和国

セネガンビアの環状列石
セネガル/ガンビア

グレーター・アクラ州の城塞群
ガーナ

負の歴史遺産
ゴレ島はセネガルの首都ダカールの沖にあり、15世紀から19世紀にかけてアフリカ最大の奴隷貿易の拠点だった。

聖なる木立
かつてナイジェリアのヨルバ人は、森の中の神聖な場所でいろいろな神々に祈りを捧げていた。川の女神オシュンを祭ったこの木立は、最後に残った聖地のひとつ。

キザンチュ大聖堂
コンゴ民主共和国

見どころ

アフリカには息をのむほど美しい自然から、不思議な古代の遺跡、さらに野生動物にあふれるセレンゲティ、膨大な水が流れ落ちるビクトリアの滝まで、様々な見どころがあります。高くそびえるミナレット、古代のピラミッド、堂々たる泥レンガの建築は、アフリカの豊かで文化的な歴史を示しています。

● **ジェンネの大モスク**
ジェンネは中世アフリカの王国のひとつ、豊かなマリ帝国にあった大都市で、そこにあったモスクは学問の中心地として有名だった。砂と土でできた日干しレンガを積み上げて作られた建物で、1907年に再建された。

フィッシュリバーキャニオンはアフリカ最大の渓谷で、

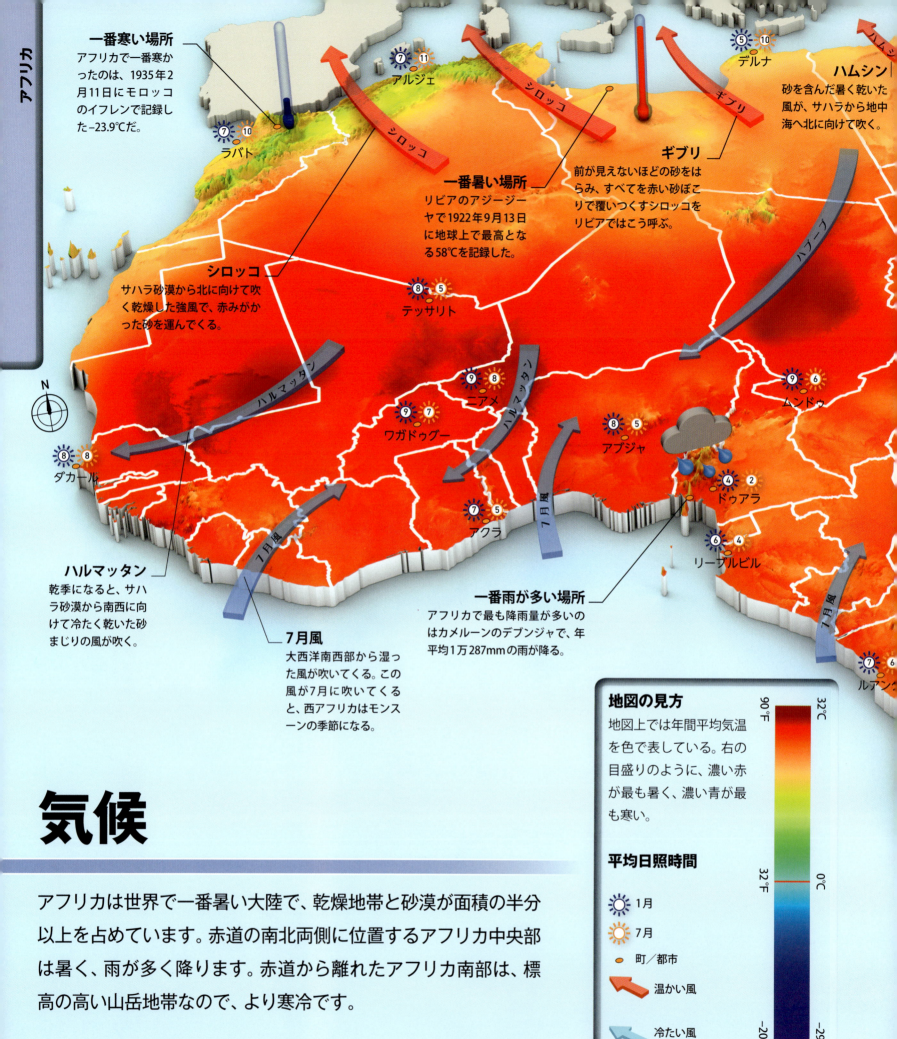

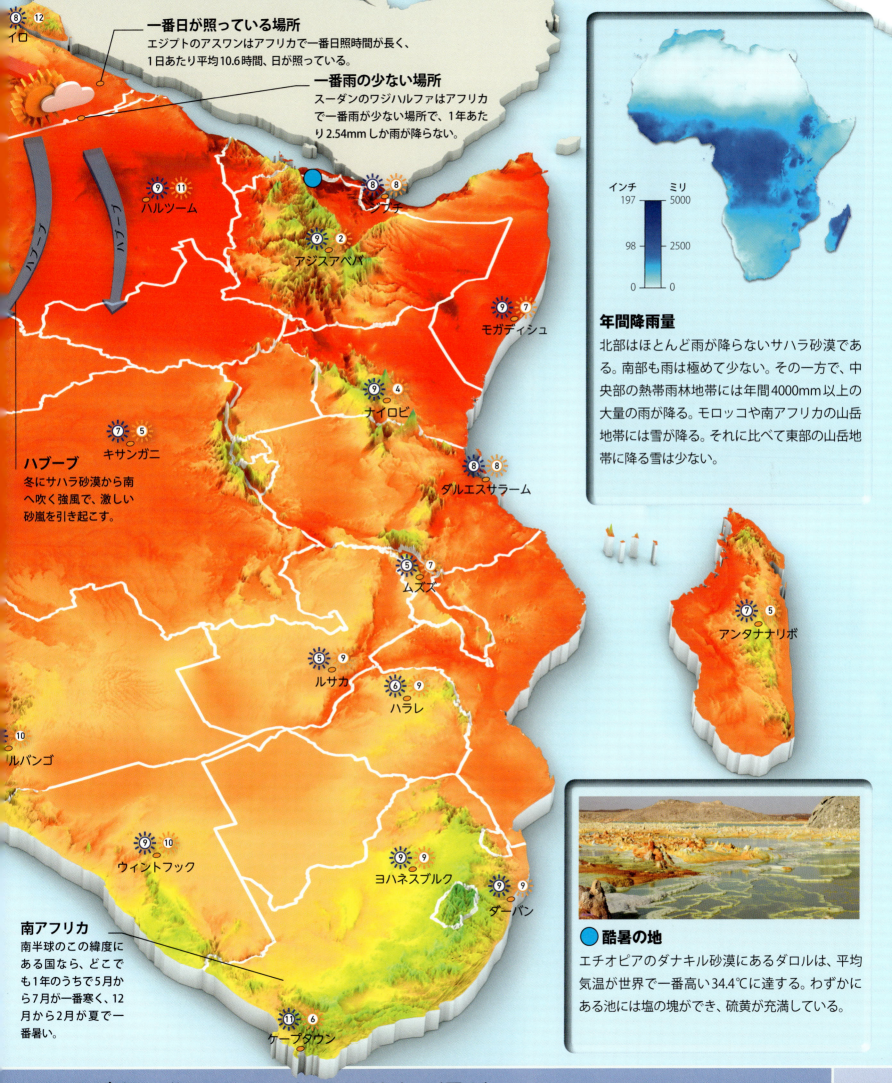

アフリカ

ヒトコブラクダ
背中のコブが1つしかないラクダ。コブには脂肪が蓄えられており、エネルギーと水に分解される。

オブトサソリ
この毒サソリは夜に狩りを行い、日陰の涼しい巣穴をすみかとする。

ナイルワニ
この凶暴な爬虫類は水の中に潜み、不意打ちをかける。

マダラハゲワシ
かぎ爪のように曲がった強力なくちばしで、動物の死体から肉をはぎ、骨を砕く。

ブチハイエナ
夜でも目が利き、メスが率いる群れで狩りをしたり、死体をあさったりして暮らしている。

アフリカニシキヘビ
毒は持たないが極めて獰猛。ヘビとしては最大級の部類に入り、最大7mになる。

チンパンジー
社会を作って暮らし、主に果物や植物の葉を食べる。

アフリカゾウ
最大の陸上動物であるこのゾウは草原、熱帯雨林、半砂漠にすむ。

ニシレモンザメ
温かくて浅い海を好み、電気受容器と呼ばれるセンサーを使って、海底に隠れている獲物を見つける。

カバ
この草食動物は足が速く、体を冷やすために一日の大半を水の中で過ごす。

ジンベエザメ
世界最大の魚類で全長20mまで成長する。プランクトンやオキアミなどの微生物を餌としている。

野生の生き物たち

ビッグファイブ──ゾウ、ライオン、スイギュウ、サイ、ヒョウを見ずにアフリカのサファリを見たとは言えませんが、アフリカ大陸は信じられないほど多彩な動物のすみかでもあります。そうした動物の多くが、マダガスカルにしかいないキツネザルなど、その地域だけの固有種です。

生物群系(バイオーム)
アフリカの大半は熱帯/亜熱帯草地、熱帯広葉樹林のジャングル、乾燥した砂漠地帯で占められている。

- 地中海性
- 熱帯広葉樹林
- 熱帯乾燥広葉樹林
- 熱帯/亜熱帯草地
- 山岳
- 砂漠
- 氾濫草地
- マングローブ

マダガスカルは珍しい動物の宝庫として有名だ。97％の

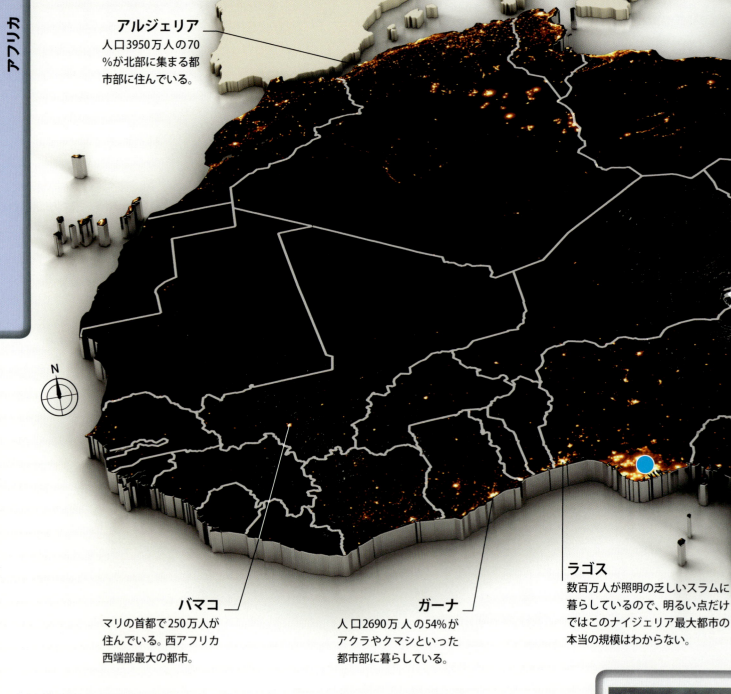

アルジェリア
人口3950万人の70％が北部に集まる都市部に住んでいる。

バマコ
マリの首都で250万人が住んでいる。西アフリカ西端部最大の都市。

ガーナ
人口2690万人の54％がアクラやクマシといった都市部に暮らしている。

ラゴス
数百万人が照明の乏しいスラムに暮らしているので、明るい点だけではこのナイジェリア最大都市の本当の規模はわからない。

夜の大陸

アフリカの都市は猛烈なスピードで人口が増加しています。しかし人口密集地がすべて夜に輝くわけではありません。貧しい地域は街灯やショーウインドーの照明がなく、家の中に電灯がないことさえあります。とはいえ暗い地域の大半は砂漠、密林、サバンナです。

● **ニジェールデルタの油田地帯**
ナイジェリアのニジェール川デルタ地帯に見えるまばゆい輝きの大半は、たくさんの油田から出るガスフレア、大きな製油所、活気にあふれた港の光だ。

南スーダンは人口増加率が高い国で、

ヨーロッパ

宇宙から見たヨーロッパ
ヨーロッパ大陸は北半球に横たわり、東側はアジアに接する。特徴的な「ブーツ」の形をしたイタリアは、この画像からもはっきりとわかる。

国と国境

ヨーロッパでは戦いに勝った国が領土を広げ、負けた国が領土を失う興亡の歴史が繰り返され、国境が幾度となく移り変わりました。20世紀には2度の世界大戦がヨーロッパ全土を揺るがし、今も紛争や政治的な変化によって国境は変わり続けています。

イギリス
イングランド、スコットランド、ウェールズ、北アイルランドの4つの国からなる連合王国。

アンドラ
1278年に成立した小さな公国。北はフランス、南はスペインと国境を接する。

主なデータ

総面積
1049万8000km²

総人口
7億4300万人

国の数
46か国

最も大きい国
ロシア連邦
（ヨーロッパ部）
395万5818km²

最も小さい国
バチカン市国
0.44km²

最も人口の多い国
ロシア連邦（ヨーロッパ部）
1億1000万人

バチカン市国は世界一小さな国（人口約1000

地理的特徴

ヨーロッパは小さな大陸ながら、地形は驚くほど多様です。北西側、東側、南側を山脈に囲まれ、その間にイングランド東部からロシアのウラル山脈まで4000kmにわたるヨーロッパ平野が広がっています。

主なデータ

① **一番高いところ：**
エルブルス山(ロシア)
標高5642m

② **一番長い川：**
ボルガ川(ロシア)
3688km

③ **一番大きい湖：**
ラドガ湖(ロシア)
1万8390km²

④ **一番大きい島：**
ブリテン島(イギリス)
22万9848km²

③ ヨーロッパ最大の湖であるラドガ湖は、サンクトペテルブルク市の目と鼻の先にある。

80　　ヨーロッパは面積の割に海岸線が長く、その

比率は他のどの大陸や亜大陸よりも高い。

81

こんなところがすごい

周りをすべて陸地に囲まれた国…14

アンドラ、オーストリア、ベラルーシ、チェコ、ハンガリー、リヒテンシュタイン、ルクセンブルク、マケドニア、モルドバ、サンマリノ、セルビア、スロバキア、スイス、バチカン市国

公用語の数
39

ヨーロッパ諸国の公用語が39種類あり、さらに地域言語や方言もたくさんある。

時間帯の数 6

世界は39の時間帯に分かれている。大半の時間帯は協定世界時間（UTC）と呼ばれるイギリス・ロンドンのグリニッジ子午線における時間から1時間単位で足し引きした時間に定められているが、さらに30分か45分足し引きした時間帯もある。この地図にあるようにロンドンが12時のとき、フィンランドのヘルシンキは（UTCから2時間早い）14時となる。

一番深い湖

ホルニンダール湖（ノルウェー）
514m

一番速い列車

ヨーロッパ最速の列車はイタリアの**フレッチャロッサ1000**で、最大時速は**400km**に達する。

最も高い建物トップ5

連邦タワー
ロシア、モスクワ
373.7m

OKO：南棟
ロシア、モスクワ
354.1m

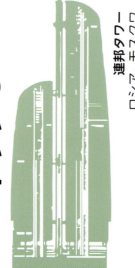

マーキュリー・シティー・タワー
ロシア、モスクワ
388.8m

ザ・シャード
イギリス、ロンドン
309.6m

ユーラシア
ロシア、モスクワ
308.9m

82

滝

- 最大落差：
ヴィヌーフォッセン
（ノルウェー）
860m

- 最大規模（水量）：
デティフォスの滝
（アイスランド）
毎秒200m³
幅は100mある。

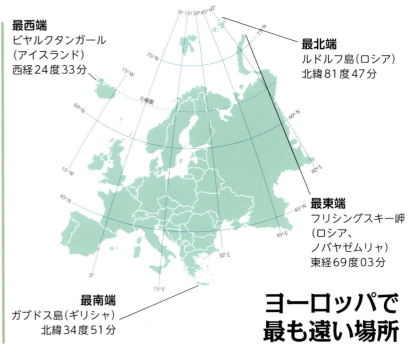

ヨーロッパで最も遠い場所

- 最西端 ビャルクタンガール（アイスランド）西経24度33分
- 最北端 ルドルフ島（ロシア）北緯81度47分
- 最東端 フリシングスキー岬（ロシア、ノバヤゼムリャ）東経69度03分
- 最南端 ガブドス島（ギリシャ）北緯34度51分

 利用者が一番多い空港 ヒースロー国際空港（イギリス、ロンドン） 年間利用者数 **7498.5万人**

一番長いトンネル

鉄道のトンネル	地下鉄のトンネル	道路のトンネル
ゴッタルド・ベーストンネル（スイス） 57.09km	セルプホフスコ線（ロシア、モスクワ） 41.5km	ラルダールトンネル（ノルウェー） 24.53km

一番長い橋
バスコ・ダ・ガマ橋（ポルトガル、リスボン） **17.185km**

一番大きな氷河
セベルヌィ島の氷帽
（ロシア連邦ノバヤゼムリャ列島の北島）
2万500km²

一番海岸線が長い国

ノルウェー　2万5148km

最も高い山 トップ5

1. エルブルス山 ロシア 5642m
2. ディフタウ ロシア 5204m
3. モンブラン フランス 4808m
4. プンタ・デュフール スイス 4634m
5. プンタ・ズムスタイン スイス 4563m

最も活発な火山
エトナ火山（イタリア）

一番高い橋
ミヨー橋（フランス）
地面から道路までの高さ **270m**

人口分布

ヨーロッパは1km²あたり平均73人が住む、アジアに次いで世界で2番目に人口密度が高い大陸です。ヨーロッパの人口の大半が大陸の北半分に集中しています。

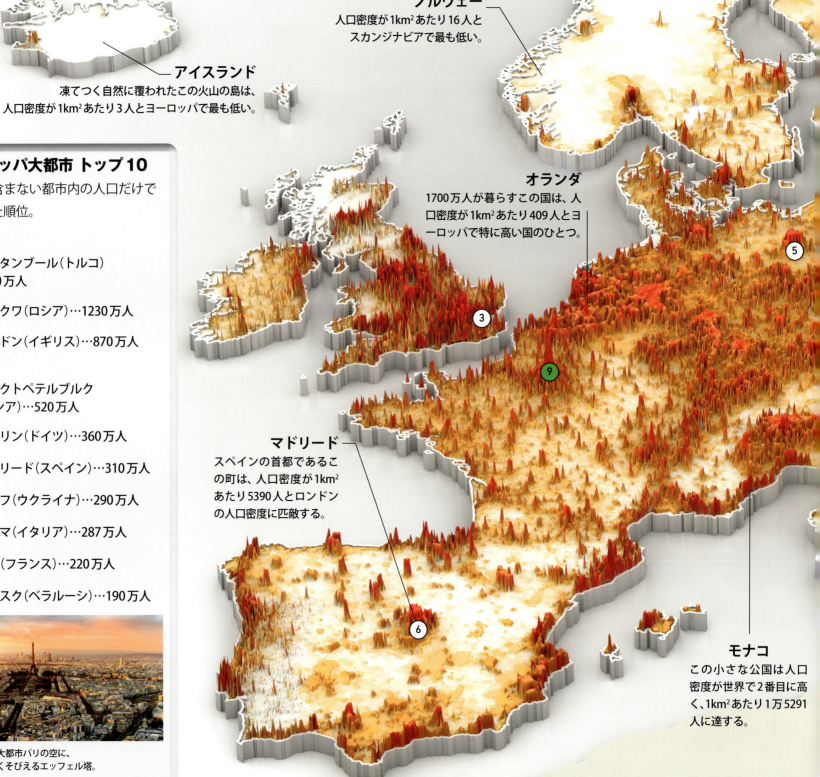

ムルマンスク（ロシア）
北極圏最大の都市。人口は29万9000人。

ノルウェー
人口密度が1km²あたり16人とスカンジナビアで最も低い。

アイスランド
凍てつく自然に覆われたこの火山の島は、人口密度が1km²あたり3人とヨーロッパで最も低い。

オランダ
1700万人が暮らすこの国は、人口密度が1km²あたり409人とヨーロッパで特に高い国のひとつ。

マドリード
スペインの首都であるこの町は、人口密度が1km²あたり5390人とロンドンの人口密度に匹敵する。

モナコ
この小さな公国は人口密度が世界で2番目に高く、1km²あたり1万5291人に達する。

ヨーロッパ大都市 トップ10
郊外を含まない都市内の人口だけで比較した順位。

1. イスタンブール（トルコ）1470万人
2. モスクワ（ロシア）…1230万人
3. ロンドン（イギリス）…870万人
4. サンクトペテルブルク（ロシア）…520万人
5. ベルリン（ドイツ）…360万人
6. マドリード（スペイン）…310万人
7. キエフ（ウクライナ）…290万人
8. ローマ（イタリア）…287万人
9. パリ（フランス）…220万人
10. ミンスク（ベラルーシ）…190万人

フランス最大都市パリの空に、ひときわ高くそびえるエッフェル塔。

世界の人口密度トップ10の中にヨーロッパの地域が4つも

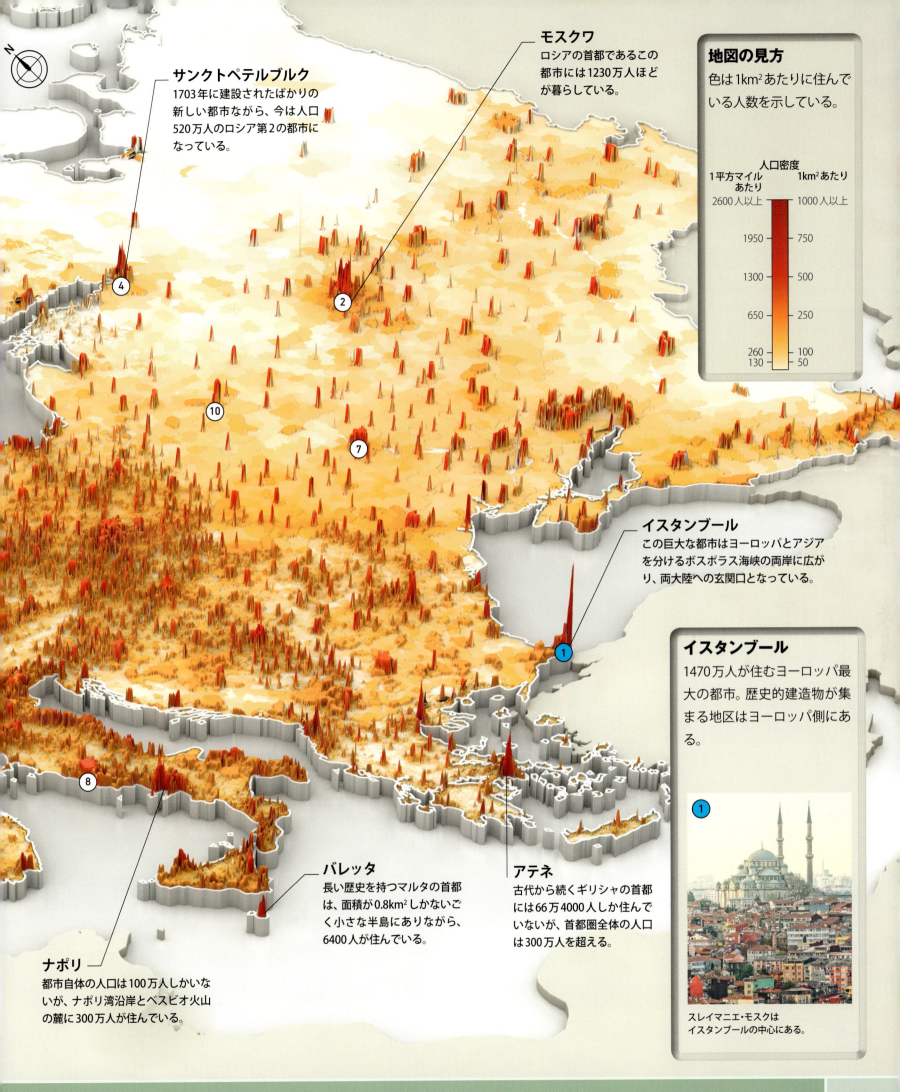

ヨーロッパ

モンブラン
フランスとイタリアの国境にある山で「白い山（Mont Blanc）」という名のとおり、峰が万年雪と氷に覆われている。麓には自動車用トンネルが通る。

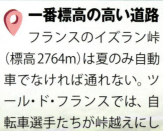

一番標高の高い道路
フランスのイズラン峠（標高2764m）は夏のみ自動車でなければ通れない。ツール・ド・フランスでは、自転車選手たちが峠越えにしのぎを削った。

一番の氷河
スイスにあるアレッチ氷河は厚さが最大900m、総面積117km²だが、年々溶けて縮小している。

ベルン

スイス

レマン湖

ジュネーブ

アルプス

レポンティネ

ペンニネアルプス山脈

ポー川

トリノ

アルプスの南端
フランス-イタリア国境に横たわるマリティームアルプス山脈は、海までずっと伸びている。

フレンチアルプス

コティエンヌアルプス山脈

マリティームアルプス山脈

フランス

人工湖
ヨーロッパ最大級の人工湖であるセール・ポンソン湖は、水害を防ぐために1955年から61年にかけて建設された。総面積28km²、水深は最大90mに達する。

フレンチアルプス
この山脈はフランス領内にあり、モンブランもここにある。

86　アルプス地方には1400万人が暮らし、毎年1億2000

見どころ

先史時代のモニュメントや古代ローマの遺跡から中世の町並み、ゴシック風大聖堂、バロック風宮殿まで、ヨーロッパは各時代の重要な建築物の宝庫です。また自然が作り出した世界屈指の名所も多く、そのほとんどが国立公園として守られています。

イギリス
イングランド、スコットランド、ウェールズ、北アイルランドには石器時代の遺跡、城郭、ビクトリア時代の技術的偉業などユネスコの世界遺産が29か所ある。

フランス
名所が多く、ユネスコの世界遺産が42か所ある。

美しい景色

ヨーロッパには468か所の国立公園がある。それは貴重な動植物の生息地や美しい自然だったり、珍しい地形だったりする。

🟡 アイスランドのシンクベトリル国立公園は、地上に現れた北アメリカプレートとユーラシアプレートの裂け目にある。

🟢 北アイルランドのジャイアンツ・コーズウェーには様々な形状の玄武岩柱が見られ、巨大な蜂の巣のようなものもある。

シンクベトリル国立公園　アイスランド
ドロットニングホルム宮殿　スウェーデン
ウルネスの木造教会　ノルウェー
クロンボー城　デンマーク、ヘルシンオア（ヘルシンゲル）
エディンバラ城　スコットランド
キンデルダイク-エルスハウトの風車群　オランダ
シャルロッテンブルク宮殿　ドイツ、ベルリン
ジャイアンツ・コーズウェー　北アイルランド
ストーンヘンジ　イングランド
ビッグベン　イングランド、ロンドン
アーヘン大聖堂　ドイツ
ブルー・ナ・ボーニャ　アイルランド
エッフェル塔　フランス、パリ
ブリュッセル市庁舎　ベルギー
シャルトル大聖堂　フランス
レーティッシュ鉄道　スイス
アビニョン教皇庁　フランス、アビニョン
ピサの斜塔　イタリア
サグラダ・ファミリア　スペイン、バルセロナ
トレド大聖堂　スペイン
ベレンの塔　ポルトガル、リスボン
アルハンブラ宮殿　スペイン、グラナダ

ムーア人のアルハンブラ宮殿
スペインにはグラナダのアルハンブラ宮殿や庭園など、アラブ文化の遺産が多く見られる。

88　数あるヨーロッパの見どころのうち、453か所がユネスコの

気候

ヨーロッパの気候は南側の亜熱帯から北側の極地まで多様です。西部や北西部の天候は穏やかでおおむね湿潤な一方、中部および東部の気候も湿潤ですが、夏は涼しいです。

極東風
北極から南へ吹き、乾いて冷たい空気を運んでくる卓越風。

極東風

偏西風
北東に吹き込んでくるこの風は、温かい空気をヨーロッパ西部に運んでくる。

偏西風

偏西風

偏西風

偏西風

① ⑤ レイキャビク

⓪ ④ フェロー諸島

一番曇りが多い場所
イギリスのグラスゴーはヨーロッパで一番曇りが多く、1年間の日照時間が平均1203時間しかない。

② ⑤ グラスゴー

① ⑦ オスロ

① ⑦ ストックホルム

ヘルシン…

① ⑧ コペンハーゲン

② ⑥ ロンドン

① ⑥ アムステルダム

② ⑥ ブリュッセル

① ⑦ ルクセンブルク

② ⑥ ベルン ファドゥーツ

② ⑦ ベルリン

② ⑦ プラハ

フェーン

② ⑧ パリ

② ⑧ リヨン

ミストラル

② ⑥ …

② ⑩ ミラノ

ミストラル
冷たい強風が冬から春にかけて一番激しく吹く。

⑤ ⑪ モナコ

① ⑨ ボルドー

③ ⑨ バルセロナ

④ ⑪ カリャリ

シロッコ

⑤ ⑮ マドリード

一番暑い場所
ヨーロッパで一番の暑さを観測したのは、1881年8月4日にスペインのセビリアで記録した50℃だ。

⑤ ⑬ リスボン

シロッコ

シロッコ

シロッコ
アフリカからの熱い空気が海上に嵐を巻き起こし、地中海北部に雲、霧、雨をもたらす。

野生の生き物たち

ヨーロッパは人口密度が高く、動物たちが自由に生きられる自然はあまり残っていません。それでも自然保護区が設けられ、適応力の高い種もいるので、野生の動物たちは驚くほど多様です。

ザトウクジラ
回遊するクジラにとって冬の極地の海は豊かな餌場だ。

トナカイ
オスもメスも角が生える。

オオヤマネコ
この大型ネコは肉球がついた大きな足のおかげで雪に沈まない。

ホッキョクギツネ
冬の間は白くて厚い毛に覆われ、それが体温を逃がさず、雪や氷上でのカモフラージュになる。

エルク
巨大な森の動物はスカンジナビアやバルト諸国で広く見られる。

ヨーロッパオオライチョウ
素晴らしい求愛の儀式で有名な鳥。

アカシカ
ヨーロッパじゅうに生息する大型のシカだが、スコットランド固有の亜種もいる。

ノロジカ
この優美な小型のシカはヨーロッパ全土に広く生息している。

ユキウサギ
この臆病な夜行性動物は現代農業の影響で絶滅するおそれがある。

タイリクオオカミ
イヌ科で一番大きいこのオオカミはヨーロッパの人里離れた林で、家族で群れを作って暮らしている。

ウバザメ
口を開けたまま泳ぎ続けて、口に入ってきた餌を食べる巨大なサメ。

アナグマ
セット(地下のトンネルや穴)に大きな群れを作って暮らす。

マツテン
イタチの仲間で、中が空洞の木を好んで巣穴にする。

アルプスマーモット
このリスの仲間は最大9か月間、巣穴で冬眠する。

イヌワシ
この大型猛禽類はヨーロッパじゅうの人が少ない広い場所を縄張りにして飛び回っている。

ピレネーシャモア
皮が手袋や磨き布の素材として重宝されて、一時は絶滅が危ぶまれたが、今は数を回復している。

ヨーロッパハチクイ
オスは一番美味しい虫のごちそうをメスに与えて求愛する。

バーバリーマカク
「ジブラルタルの岩」には300匹のバーバリーマカクで構成される群れが暮らしている。

スペインオオヤマネコ
400匹しか残っておらず、絶滅の危機に瀕している。

92　ヨーロッパには約260種類しか哺乳類が残って

いないが、そのうちの219種が陸上にすんでいる。

93

夜の大陸

この夜のヨーロッパを撮影した衛星写真を見れば、どこに人が住んでいるのかわかります。大陸の西側は人口密度が高くなっていますが、それに比べて北側と東側は人口密度が低くなっています。

アイスランド
明るいのはほぼレイキャビクだけで、ここに人口の3分の2が集まっている。

スカンジナビア
広い国土の割に人口が少なく、南部沿岸の主要都市に集まっている。

イングランド北西部
リバプール、マンチェスター、バーミンガムの3都市を結ぶ三角形上に人口が集中している。

大都市ベルト地帯
ベルギー、オランダ、ルクセンブルク、ドイツのライン・ルール地方の都市部がひとつにつながって、連続した都市圏を形成している。

ロンドン
ヨーロッパ第3位の都市で、人口密度が1km²あたり5518人に達する。

● **都市公国モナコ**
2km²の狭い範囲に押し込められた小公国のモナコは全土が都市化しており、3万581人の住民すべてが都市部に暮らす。

パリ
フランスの人口6280万人のおよそ20%が、パリ首都圏に暮らしている。

産業の中心地
ミラノとトリノはイタリアの産業と経済の二大中心地で、両方合わせた人口は657万人になる。

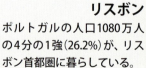

リスボン
ポルトガルの人口1080万人の4分の1強(26.2%)が、リスボン首都圏に暮らしている。

マドリード
630万人が住むスペイン最大の都市圏。

アルバニアは現在、都市人口がヨーロッパで最も急速に

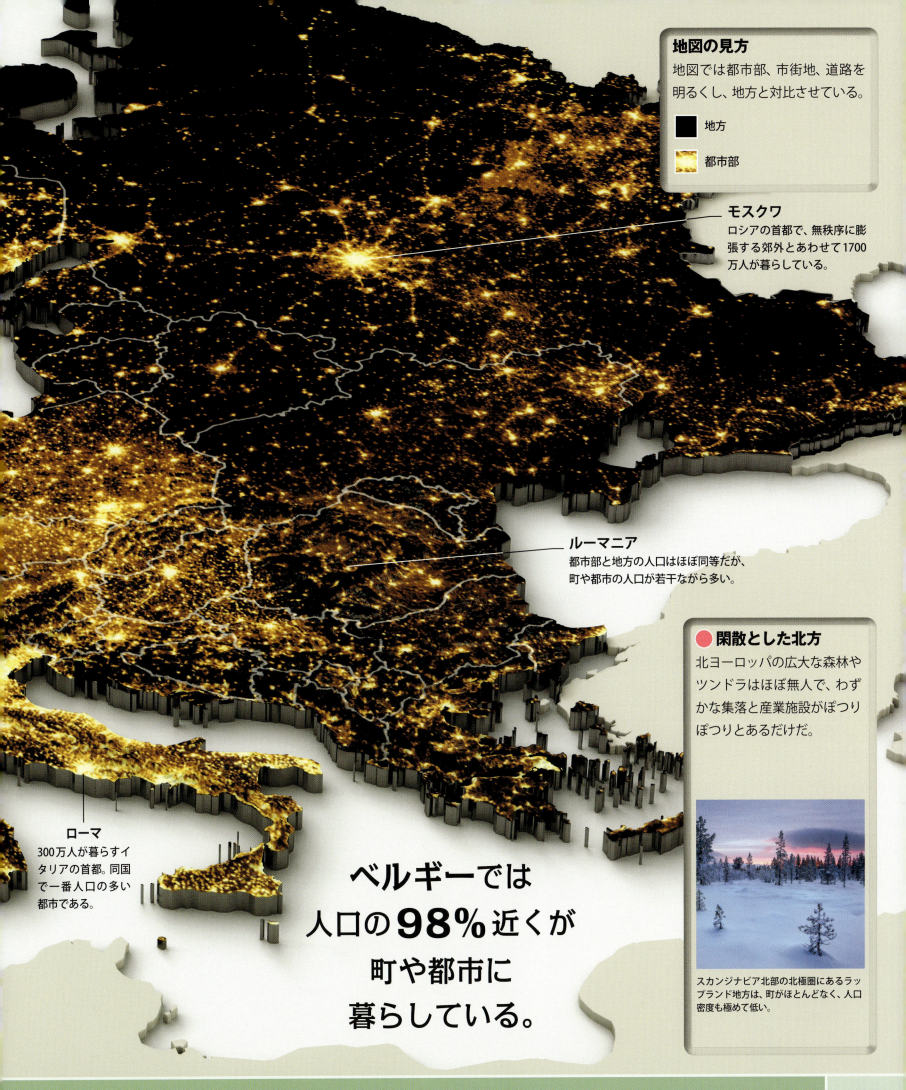

95

アジア

広大な大陸
アジア大陸は、北は北極海から南はインド洋、東は太平洋から西はウラル山脈、スエズ運河、ボスポラス海峡、コーカサス山脈まで広がっている。

国と国境

広大なアジア大陸には、人口が10億を超え、経済の急成長が続く中国とインドという巨大な2つの国家があり、さらに北には世界最大の領土を持つロシア連邦があります。また西の中東諸国は、現代イスラム世界の中心となっています。

99

地理的な特徴

アジアは地球の陸地の約30%を占め、ユーラシア超大陸の東側を構成します（西側はヨーロッパ）。この大陸を形作る地形には山岳、台地、平野、ステップ（木が生えていない広大な草原）、砂漠の5種類があります。

主なデータ

(1) 一番高いところ：
エベレスト山（ネパール／中国チベット自治区）
標高8848m

(2) 一番長い川：
長江（中国）
6380km

(3) 一番大きい湖：
カスピ海
37万1000km²

(4) 一番大きい島：
ボルネオ島
74万8168km²

ボルネオはアジアで最大、世界でも第3位に入る大きな島だ。

死海
イスラエルと西岸地区とヨルダンの境界となっている塩湖で、湖面が海抜−392mと地表において最も低い。

西シベリア平原
世界有数の面積を誇る平原。雄大な湿地帯が広がっている。

インド楯状地
ユーラシアプレートとの衝突によって、世界で最も高いヒマラヤ山脈が誕生した。

インドネシア諸島
世界で一番火山が多い国で、147ある火山のうち76が活動中だ。

アジア大陸は世界最大の大陸で、地球で一番高い地点

（エベレスト山）と一番低い地点（死海）の両方がある。

101

こんなところがすごい

アジア

時間帯の数：16

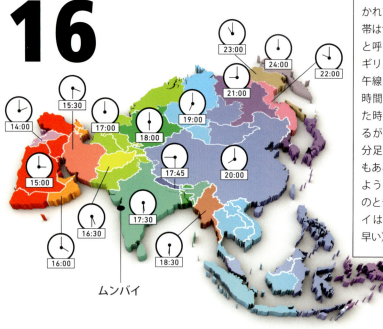

世界は39の時間帯に分かれている。大半の時間帯は協定世界時間（UTC）と呼ばれるロンドン（イギリス）のグリニッジ子午線における時間から1時間単位で足し引きした時間に定められているが、さらに30分か45分足し引きした時間帯もある。この地図にあるようにロンドンが12時のとき、インドのムンバイは（UTCから5時間半早い）17時30分となる。

13 周りをすべて陸地に囲まれた国

アフガニスタン、アルメニア、アゼルバイジャン、ベラルーシ、ブータン、カザフスタン、キルギス、ラオス、モンゴル、ネパール、タジキスタン、トルクメニスタン、ウズベキスタン

一番速い列車

上海磁浮列車（マグレブ）（中国）
最高時速430km

一番長いトンネル

 鉄道のトンネル
青函トンネル
（日本、津軽海峡）
53.85km

 地下鉄のトンネル
広州地下鉄3号線
（中国、広州）
60.4km

 道路のトンネル
西山隧道
（中国）
13.65km

一番海岸線が長い国　インドネシア…5万4716km

✈ 利用者が一番多い空港　北京国際空港（中国）　年間利用者数 9020.3万人

最も高い建物 トップ5

- ブルジュ・ハリファ　アラブ首長国連邦、ドバイ　828m
- 上海タワー　中国、上海　632m
- メッカ・ロイヤル・クロック・タワー　サウジアラビア、メッカ　601m
- 台北101　台湾、台北　509m
- 上海ワールド・フィナンシャル・センター　中国、上海　492m

一番大きい氷河

フェドチェンコ氷河
（タジキスタン）
全長77km

フェドチェンコ氷河は極地外で一番長い氷河。

滝

最大落差：
ハンノキ滝（日本、富山県）
500m

最大規模（水量）：
コーンパペンの滝（ラオス）
毎秒1万1610m³

一番深い湖
バイカル湖
（ロシア連邦）
水深1642m
バイカル湖は世界で一番深い湖。

最も活発な火山
ムラピ山
（インドネシア）

アジアで最も遠い場所

最北端
アルクティチェスキー岬
（ロシア連邦）
北緯81度12分

最東端
デジニョフ岬
（ロシア連邦）
西経169度40分

最南端
パナマ島
（インドネシア）
南緯11度

最西端
ボズジャアダシ
（トルコ）
東経26度2分

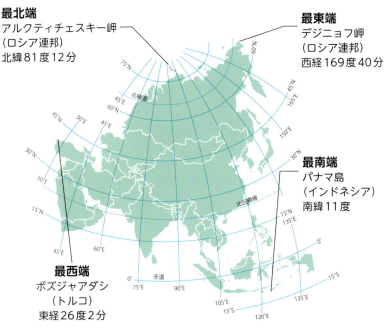

最も高い山 トップ5

1. エベレスト山 ネパール／中国チベット自治区 8848m
2. K2 中国／パキスタン 8611m
3. カンチェンジュンガ インド／ネパール 8586m
4. ローツェ ネパール／中国チベット自治区 8516m
5. マカルー ネパール／中国チベット自治区 8485m

観光客の多い都市 トップ5

- バンコク（タイ） 1824万人／年
- シンガポール 1188万人／年
- クアラルンプール（マレーシア） 1112万人／年
- ソウル（韓国） 1035万人／年
- 香港 866万人／年

一番高い橋

世界の高い橋トップ3はすべてアジア（中国）にある：
- 四渡河特大橋…496m
- 普立特大橋…485m
- 清水河特大橋…406m

一番長い橋

丹陽－昆山特大橋（京滬高速鉄道）…**164.8km**
あらゆる形式の橋の中で世界一長い橋。

103

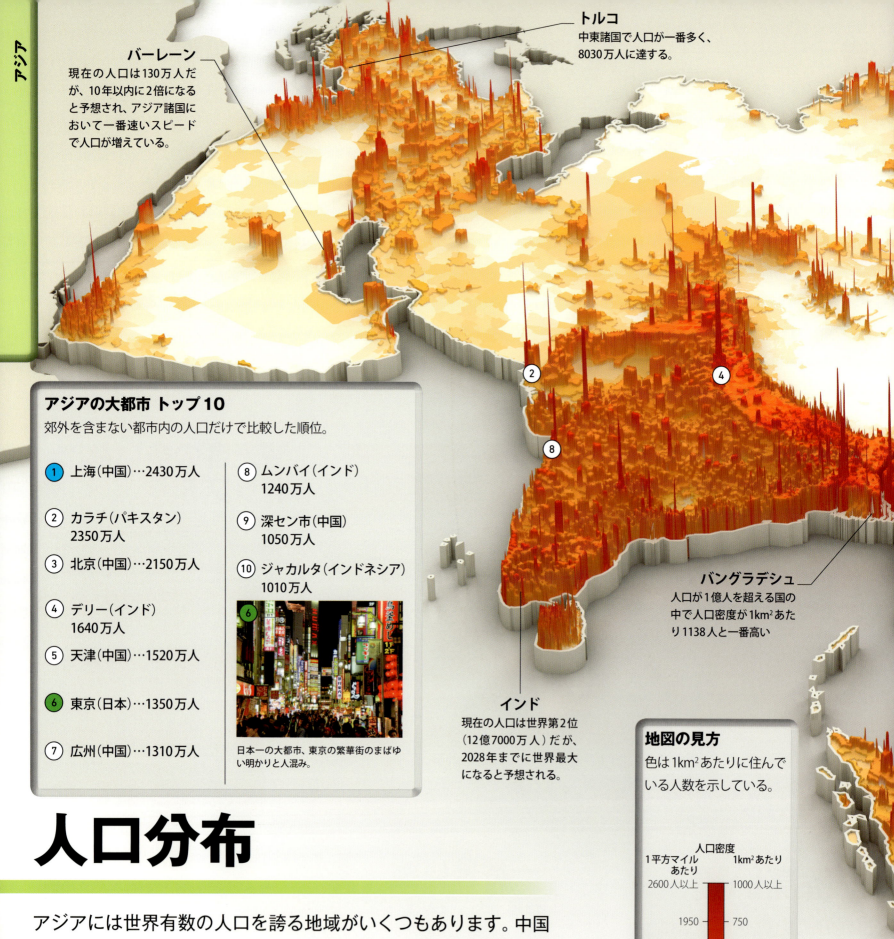

人口分布

アジアには世界有数の人口を誇る地域がいくつもあります。中国東部の平原、インドのガンジス-ブラマプトラ川流域、日本、インドネシアのジャカルタ島は、人口密度が極めて高くなっています。それとは対照的に、シベリアやチベット高原はほぼ無人です。

アジアの総人口45億人の半分以上が中国

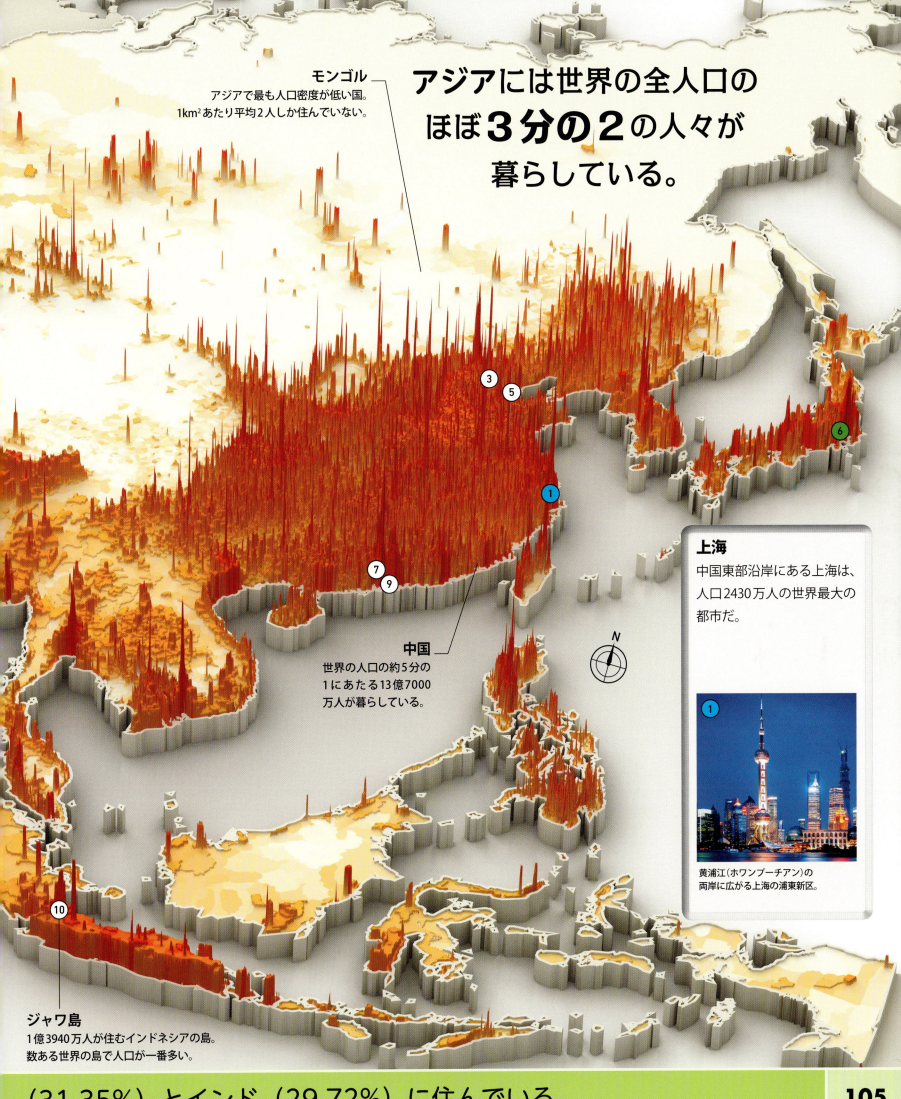

アジア

カラコルム山脈
この広大な山脈はヒマラヤ山脈の西部に横たわり、8000m級の山々が集まっている。

カトマンズ
ネパールの首都で、人口は118万人。ヒマラヤ観光の玄関口となっている。

キルギス

タジキスタン

ヒンドゥークシュ山脈

カラコルム山脈

タクラマカン砂漠
大量の砂が舞う不毛な砂漠。かつては北と南の縁に沿って、有名なシルクロードが通っていた。

タリム川

タリム盆地

クンルン山脈

タクラマカン砂漠

アルチン

チベット

エベレスト山
ネパールと中国チベット自治区の国境線にそびえる世界で一番高い山。標高は8848m。

カンディセ山脈

ヒマラヤ山脈

シワリク丘陵

ネパール

デリー

ラクナウ

シワリク丘陵
ヒマラヤ山脈の南縁に沿って東西1600km以上伸びている。

ガンジス川
ヒンズー教地域において最も神聖な川。ヒマラヤ山脈を源流としてインドやバングラデシュを通ってベンガル湾へ流れ込む。

インド

パトナ

ガンジス川

ブータン

ブータン
ヒマラヤ山脈にある小さな王国で、1974年まで外国人は立ち入れなかった。

ブラマプトラ川

ガンガ川

バングラデシュ

ダッカ

ティンプー
標高2648mにあるブータンの首都。ラパス（ボリビア）、キト（エクアドル）に次いで世界で3番目に高い首都である。

ベンガル湾

106　ヒマラヤ山脈は今も毎年4mmずつ上昇しているが、風化

ヒマラヤ山脈

世界で一番高い山脈がこのヒマラヤ山脈です。全長は2400kmあり、カーブを描きながら5か国(パキスタン、インド、ネパール、ブータン、中国)にまたがって伸びています。またヒマラヤ山脈は、この地域を流れる雄大なガンジス川やブラマプトラ川といった主要な河川の水源でもあります。

チベット高原
世界で一番広く一番高いところにある高原。南極と北極に次ぐ大量の氷がここにある。

山脈 高原 リン(奇林)湖 ラサ ツァイダム盆地 祁連(きれん)山脈 ニェンチェンタンラ山脈 中国

ツアンポー峡谷
中国チベット自治区にあるこの渓谷は世界で最も深い渓谷で、深さが平均で5000mもある。

ブラマプトラ川
アジアを流れる大河のひとつ。中国、ブータン、インド、バングラデシュを通ってベンガル湾へと流れ込む。

ヒマラヤの最高峰
ヒマラヤ山脈には7300mを超える山が110以上そびえています。トップ5は次のとおりです。

- エベレスト山…8848m
- カンチェンジュンガ…8586m
- ローツェ…8516m
- マカルー…8462m
- チョー・オユー…8201m

や浸食によって削られるので、これ以上高くなることはない。

107

見どころ

アジアはいくつもの側面を持っています。一番古い人類の文明が誕生した地域でもあり、イスラム教、ヒンズー教、仏教といった世界的な宗教の中心地でもあります。さらに現在は、世界でも指折りの素晴らしい現代建築が建っています。

地図の見方
○ 見どころの位置

108　　中国はアジアで一番観光客が多く、2015年に

5690万人がこの国を訪れている。

109

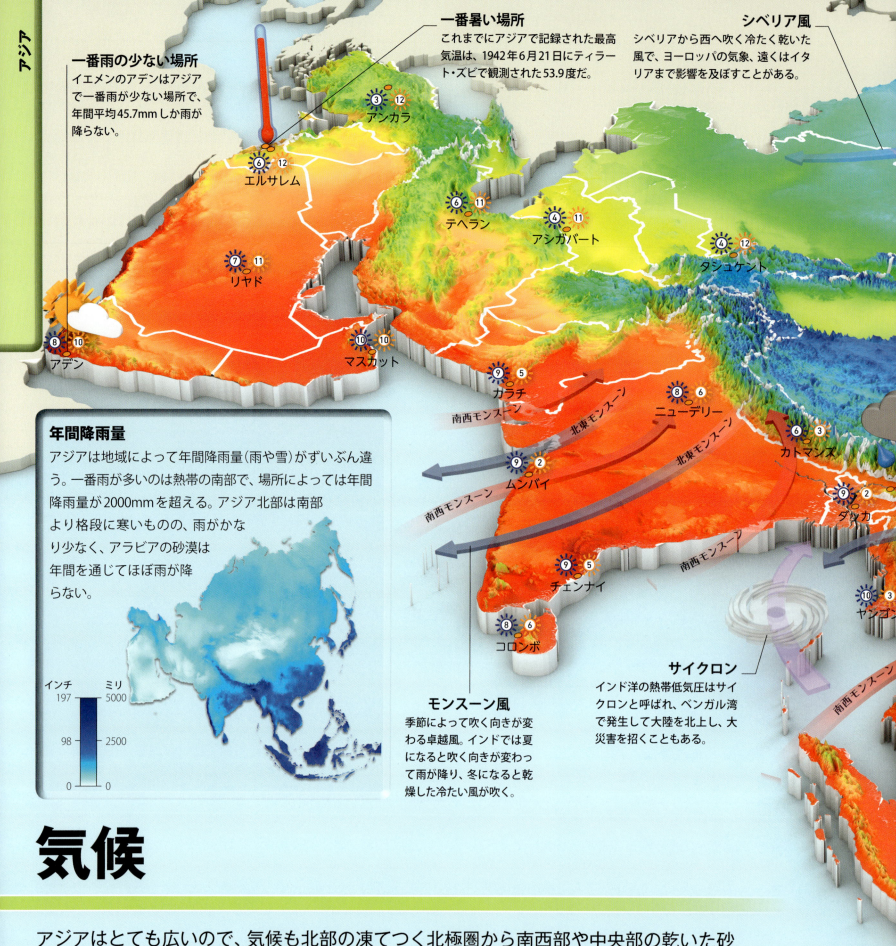

気候

アジアはとても広いので、気候も北部の凍てつく北極圏から南西部や中央部の乾いた砂漠、南部の暑くて雨が多い熱帯まで、地域によって大きく変わります。地球上で最も寒い場所、暑い場所、雨が降る場所、降らない場所のいくつかがここにあります。

110　アジアの人々の暮らしはモンスーンがもたらす雨に大きく左右される。

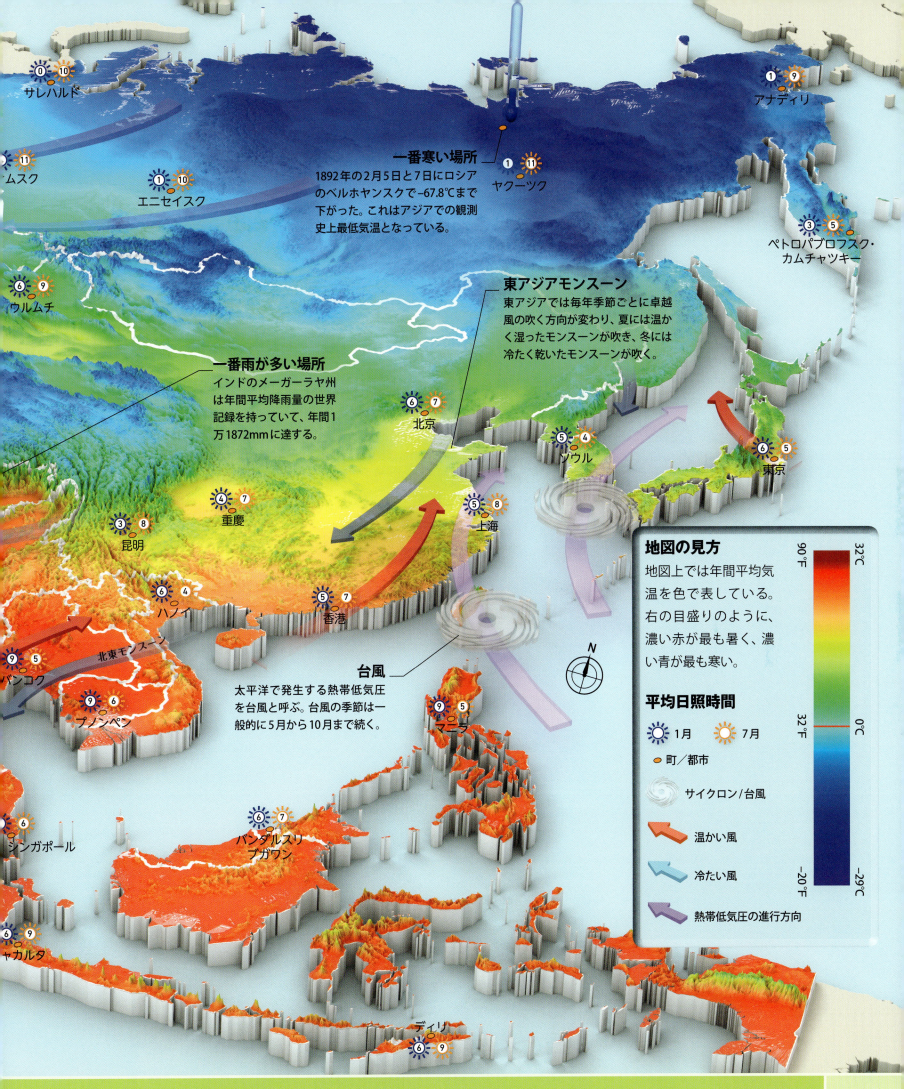

野生の生き物たち

アジア大陸は、東から西まで地球を半周するほど広大です。そのおかげで北極圏のツンドラ、標高が高くて寒い高原、不毛な砂漠、草木が生い茂る湿った熱帯雨林まで、様々な環境がそろっています。このように環境が多彩なように、この大陸で暮らす生き物もまた多彩です。

世界では1億3000万頭のスイギュウが飼育されており、

これほど人々に頼りにされている家畜は他にない。

113

地図の見方

地図では都市部、市街地、道路を明るくし、地方と対比させている。

- ■ 地方
- ■ 都市部

シベリア鉄道
シベリアを横断するようにまばゆい明かりが点々と続き、シベリア鉄道の路線を示している。

アラビア半島
大部分が「空虚の地」と呼ばれる砂漠地帯で占められている。

オマーン
この国は過去5年間において、アジアで最も急速に都市化が進んでいる。

インダス川流域
パキスタン北部に広がるインダス川流域には、ラホールやイスラマバードといったこの国の大都市がいくつかある。

●香港
735万人が住む香港は、アジアの都市の中での人口順位は21番目だが、人口密度は1km²あたり6682人であり、世界で4番目に入る。

インド
人口は12億7000万人に達するが、町や都市に住む割合は32.7%に過ぎない。

バンコク
タイ国民6820万人のうち、ほぼ6分の1が首都であるこの都市とその周辺に暮らしている。

シンガポール
香港やマカオとともに、全人口が都市環境に暮らしている3つのアジア地域のうちの1つ。

夜の大陸

この衛星写真を見ると、アジア大陸の膨大な人口が一部の狭い地域に集中しているのがよくわかります。インド、中国北部、朝鮮半島南部、日本は、人口密度が高くなっていますが、シベリアや中央アジアはほぼ無人です。

114　世界で最も人口密度が高い上位5位の地域のうち、

東京
東京を含む首都圏に3800万人が住んでいる。

北朝鮮
人口2510万人のうち61%近くが都市環境に暮らしているものの、電力不足のために夜でも明かりがほとんど灯っていない。

フィリピン
マニラを含めたフィリピン首都圏に1290万人が住んでいる。

● **スリランカ**
人口2200万人のうち町や都市に住んでいるのは18.4%に過ぎない。これはアジア諸国の中で最も低い。

3つがアジアにある（マカオ、香港、バーレーン）。

115

オセアニア

宇宙から見たオセアニア
オーストラリアの内陸部には広大な砂漠、南東部には肥沃な土地が広がっている。北にあるニューギニアはうっそうとした森林に覆われ、遠く離れた南には雪を頂いたニュージーランドの峰々が見える。

オセアニア

太 平 洋

地図の見方
● 首都　　● 主要都市

ウェーク島
（アメリカ）

マーシャル諸島
第二次世界大戦中にアメリカ軍が占領してから1986年までアメリカの領土だった。

マーシャル
諸島

北マリアナ諸島
（アメリカ）

マジュロ

フィリピン海

ハガニア

タラワ
環礁

グアム
（アメリカ）

パリキール

キ

ミ ク ロ ネ シ ア 連 邦

マルキョク

ナウル

パラオ

ビスマルク海

ホニアラ

ソロモン
諸島

パプアニューギニア
ポートモレスビー

ソロモン海

バヌアツ

アジア

ポートビラ

ニューカレドニア
太平洋においてフランスが統治する3つの諸島の1つ。他の2つはフランス領ポリネシアとウォリス・フツナである。

アラフラ海

珊瑚海

ヌメ

カーペン
タリア湾

ケアンズ

ニューカレドニア
（フランス）

ティモール海

タウンズビル

ジョセフ・
ボナパルト湾

ダーウィン

クイーンズランド

ブリスベン

北部準州
（ノーザンテリトリー）

ロード・ハウ島
（オーストラリア）

アリススプリングス

オーストラリア

ニューサウス
ウェールズ州

シドニー

南オーストラリア州

キャンベラ

オーストラリア
首都特別地域

西オーストラリア州

アデレード

ビクトリア州
メルボルン

タスマン海

パース

グレート
オーストラリア湾

タスマニア
ホバート

N

オーストラリア
8つの州で構成され、1908年にキャンベラが首都に選ばれた。

118　イギリスの君主である女王エリザベス2世が、

こんなところがすごい

国境を接する国が一番多い国

パパアニューギニア
1か国＝インドネシア

一番長いトンネル

鉄道のトンネル
カイマイトンネル
（ニュージーランド北島）
8.85km

道路のトンネル
エアポート・リンク
（オーストラリア、ブリスベン）
6.7km

時間帯の数：11

世界は39の時間帯に分かれている。大半の時間帯は協定世界時間（UTC）と呼ばれるロンドン（イギリス）のグリニッジ子午線における時間から1時間単位で足し引きした時間に定められているが、さらに30分か45分足し引きした時間帯もある。この地図にあるようにロンドンが12時のとき、オーストラリアのシドニーは（UTCより10時間早い）22時となる。

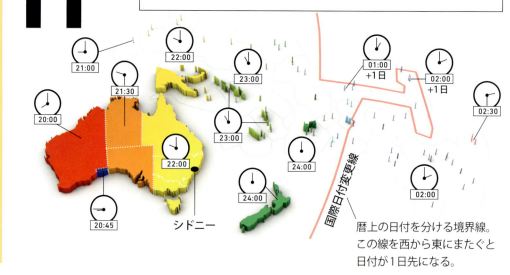

国際日付変更線
暦上の日付を分ける境界線。この線を西から東にまたぐと日付が1日先になる。

一番海岸線が長い国

オーストラリア…2万5760km

一番忙しい港

ポートヘッドランド（西オーストラリア州）
毎年48万8000キロトンの貨物を扱い、世界の港の中で入出荷量が最も多い。

一番速い列車

ティルト・トレイン（オーストラリア）
最大時速210km

最も高い建物 トップ5

- Q1 323m オーストラリア、ゴールドコースト
- ユーレカタワー 297m オーストラリア、メルボルン
- 120コリンズストリート 265m オーストラリア、メルボルン
- 101コリンズストリート 260m オーストラリア、メルボルン
- プリマタワー 254m オーストラリア、メルボルン

利用者が一番多い空港

シドニー国際空港（オーストラリア、シドニー）
年間利用者数 3970万人

橋

- 一番長い橋：
マクリー川橋（オーストラリア）
3.2km
- 一番高い橋：
モハカ高架橋（ニュージーランド、ラウプンガ）…95m

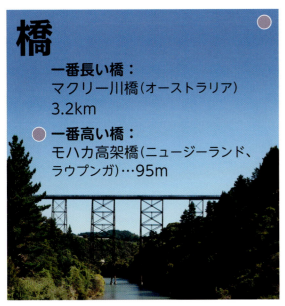

滝

最大落差：
ブラウンフォール
（ニュージーランド）
836m

最大規模（水量）：
フカ滝
（ニュージーランド、タウポ）
毎秒220m³の水が落ちる

湖

- 一番広い湖：エア湖（オーストラリア）
総面積9583km²
- 一番深い湖：ハウロコ湖
（ニュージーランド）…462m

観光客の多い都市トップ5

- シドニー（オーストラリア）285万3000人/年
- メルボルン（オーストラリア）216万6000人/年
- オークランド（ニュージーランド）196万5000人/年
- クライストチャーチ（ニュージーランド）173万2000人/年
- ブリスベン（オーストラリア）106万6000人/年

最も高い山トップ5

1. ウィルヘルム山 パプアニューギニア 4509m
2. ギルウェ山 パプアニューギニア 4368m
3. ハーバート山 パプアニューギニア 4267m
4. バンゲタ山 パプアニューギニア 4121m
5. ビクトリア山 パプアニューギニア 4072m

一番高い火山
ギルウェ山（パプアニューギニア）4368m

オセアニアで最も遠い場所

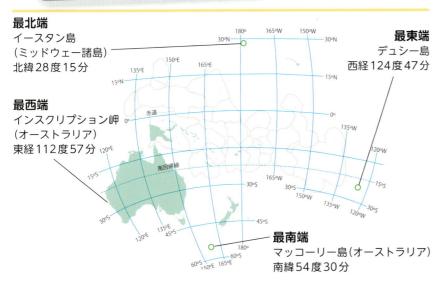

最北端 イースタン島（ミッドウェー諸島）北緯28度15分
最西端 インスクリプション岬（オーストラリア）東経112度57分
最東端 デューシー島 西経124度47分
最南端 マッコーリー島（オーストラリア）南緯54度30分

一番大きな氷河

タスマン氷河（ニュージーランド）
全長27km、総面積101km²

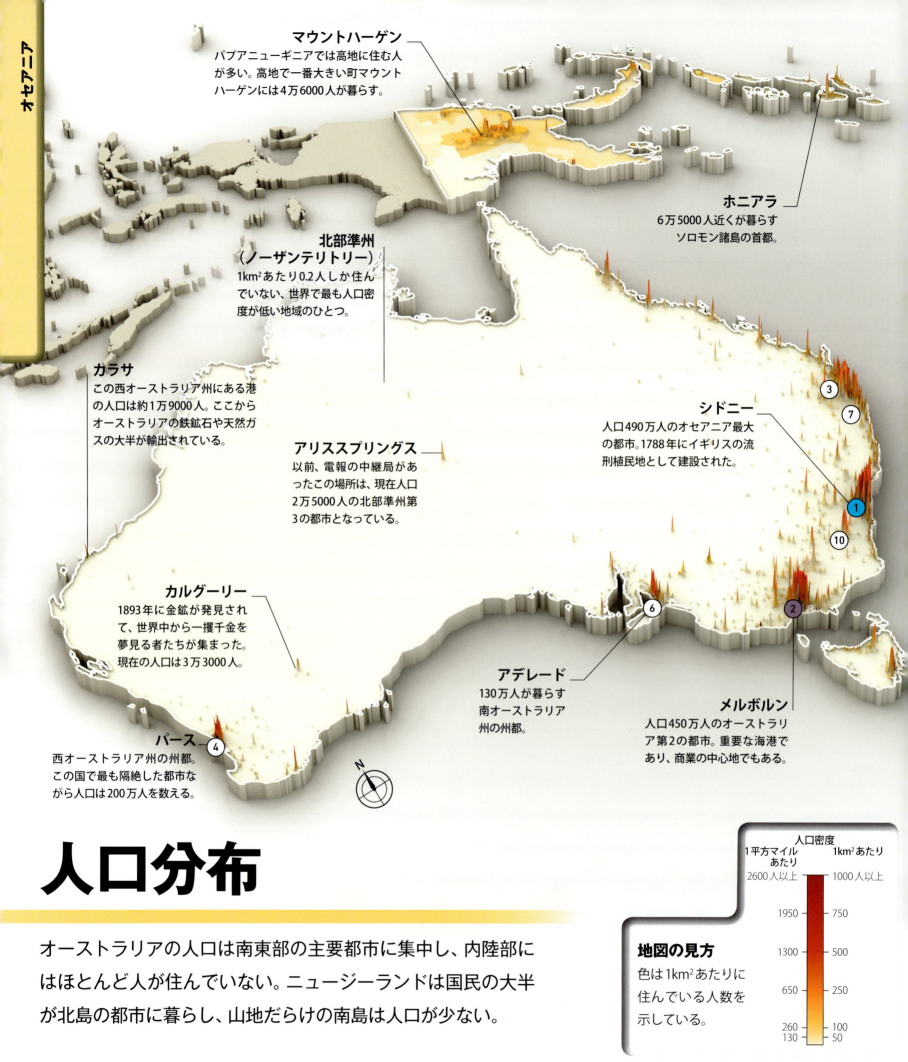

人口分布

オーストラリアの人口は南東部の主要都市に集中し、内陸部にはほとんど人が住んでいない。ニュージーランドは国民の大半が北島の都市に暮らし、山地だらけの南島は人口が少ない。

オーストラリアは世界第6位の面積を誇る国

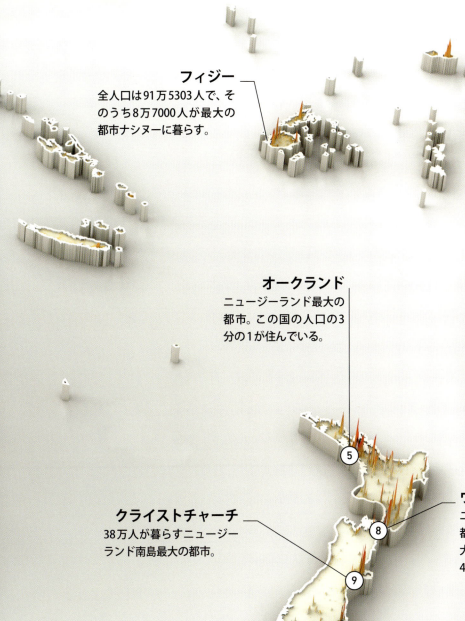

フィジー
全人口は91万5303人で、そのうち8万7000人が最大の都市ナシヌーに暮らす。

オークランド
ニュージーランド最大の都市。この国の人口の3分の1が住んでいる。

クライストチャーチ
38万人が暮らすニュージーランド南島最大の都市。

ウェリントン
ニュージーランドの首都。この国で2番目の大きさを誇る都市で、40万人が暮らす。

オセアニアの大都市 トップ10

郊外を含まない都市内の人口だけで比較した順位。

① シドニー(オーストラリア) 490万人
② メルボルン(オーストラリア) 450万人
③ ブリスベン(オーストラリア) 230万人
④ パース(オーストラリア) 200万人
⑤ オークランド(ニュージーランド) 140万人
⑥ アデレード(オーストラリア) 130万人
⑦ ゴールドコースト(オーストラリア)…53万人
⑧ ウェリントン(ニュージーランド)…40万人
⑨ クライストチャーチ(ニュージーランド)…38.9万人
⑩ キャンベラ(オーストラリア)…38万人

メルボルンはオーストラリアのビクトリア州の州都だ。

オーストラリア人のほぼ**3人に1人**が**海外出身**だ。

夜の大陸
オーストラリア南東部は都市のまばゆい光に明るく照らされ、シドニー、メルボルン、ブリスベンの位置がすぐにわかる。それとは対照的に内陸部は暗闇に沈んでいる。ニュージーランドの北島に見える明るい2つの点はオークランドとウェリントンで、南島はクライストチャーチだけに明かりが灯っている。

地図の見方
■ 地方
■ 都市部

オーストラリア
広大な国土がありながら、人が住める土地は10%しかない。ちなみにアメリカ合衆国は40%である。

ながら、人口は2430万人しかいない。

ニュージーランド

国土の3分の1近くが国立公園として保護されているニュージーランドは、南アルプスの高くそびえる峰々、北島の間欠泉や温泉をはじめとした自然の美しさが驚くほどあふれています。

マウント・アスパイアリング国立公園
高くそびえる峰々、山の中にできた湖、緑豊かな森があり、ニュージーランド屈指の美しい国立公園となっている。

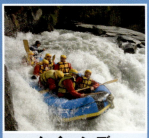

📍 **クイーンズタウン**
南島有数のリゾート地のひとつで、バンジージャンプやホワイトラフティングといったエクストリームスポーツ好きが集まる。

フィヨルドランド国立公園
切り立った山岳地にある14の美しいフィヨルドは、オットセイ、イルカ、ペンギンのすみかになっている。

タスマン海

南アルプス

リビングストン山脈　ワカティプ
クイーンズタウン
フィヨルドランド
ケプラー山脈
テ・アナウ湖
テ・アナウ
ハンター山脈
タキティム山脈
カヘレコアウ山脈
キャメロン山脈

レゾリューション島

テ・ワエワエ湾

南島
南島の最南端は人口がまばらで、1km²あたり2.9人しか住んでいない。

タスマン海

ピュイセギュール岬

📍 **ミルフォード・サウンド**
この全長160kmのフィヨルドはフィヨルドランド国立公園の大きな見どころのひとつで、周りの山々はハイカーに人気だ。

📍 **テ・アナウ湖**
深さが最大417mに達し、オセアニアの湖の中で淡水の量が一番多い。釣りやウォータースポーツの人気スポットになっている。

126　ニュージーランド最高峰、アオラキ山（クック山）の山頂から

東レンネル
ソロモン諸島

首長ロイ・マタの地
バヌアツの偉大な首長の暮らしと埋葬に関連する3つの史跡。

首長ロイ・マタの地
バヌアツ

チバウ文化センター
ニューカレドニアのカナク人の芸術をたたえる文化センター。

アメデ灯台
ニューカレドニア

チバウ文化センター
ニューカレドニア

グレートバリアリーフ
オーストラリア

Q1タワー
オーストラリア、ゴールドコースト

バイロンベイ灯台
ニューサウスウェールズ

シドニー・オペラハウス
オーストラリア、シドニー

王立展示館
オーストラリア、メルボルン

トゥエルブ・アポストルズ国立公園
ビクトリア

ポート・アーサー史跡
タスマニア

グレードバリアリーフ

世界にある自然の驚異の中でもひときわ素晴らしいグレートバリアリーフは、オーストラリア北東部沿岸に2600kmにわたって広がっている。これは何十億匹の小さな生物が数百年かけて作ったサンゴ礁で、1500種類の魚類、14種類のウミヘビ、3000種類の軟体動物のすみかとなっている。

シドニー・オペラハウスを覆う屋根には、セラミックタイルが105万6006枚も使われている。

スカイタワー
ニュージーランド、オークランド

ナウルホエ山
ニュージーランドで一番古い国立公園の中心にある活火山。

ナウルホエ山
ニュージーランド、トンガリロ国立公園

ミルフォード・サウンド
ニュージーランド、テ・ワヒポウナム

モエラキ・ボールダーズ
ニュージーランド、ハムデン

見どころ

オーストラリアのアウトバック（荒涼とした内陸部）の巨岩やニュージーランドのフィヨルドが生み出す絶景は、この地域にたくさんある自然の驚異のごく一部にすぎません。また、この地域のシンボルとなっているシドニー・オペラハウスのような現代建築もあります。

地図の見方
○ 見どころの位置

オーストラリア大陸横断鉄道の旅は65時間かかる。

気候

乾燥したオーストラリアの内陸部は日中に気温がかなり上昇する一方、南東部の沿岸地帯はそこまで暑くならず、雨も降ります。ニュージーランドの気候は温暖ながら、南島では冬に大量の雪が降ります。太平洋の島々はおおむね暑く、湿気も多くなっています。

南東モンスーン

ポートモレスビー

ケアンズ

1月風
夏の数か月は暖かい空気が大陸の内部へ吹き込む。

ダーウィン

一番雨が多い場所
オーストラリアで一番雨が多いのはクイーンズランド州ベレンデンカーで、年平均8,034mmの雨が降る。

ホールズ・クリーク

アリススプリングス

ブルーム

一番暑い場所
オセアニアで記録された最高気温は、1960年1月2日に南オーストラリア州のウードナダッタで観測した50.7℃だ。

一番雨が少ない場所
トラウダニナはオーストラリアで一番雨が少なく、雨が1年あたり102.9mmしか降らない。

アデレード

一番風が強い場所
オーストラリア大陸で観測された最も強い風は、1996年4月10日に西オーストラリア州バロー島で記録した風速113m。

パース
1年間の日照時間が平均3200時間と、オーストラリアで一番日が照っている都市。

森林火災
夏のオーストラリアは非常に高温で乾燥した状態が長く続くことから、内陸ではいとも簡単に森林火災が起こる。最大級の森林火災のひとつが2009年2月7日に発生し、173人が死亡した。この火災は「暗黒の土曜日」と呼ばれる。

2015年5月、オーストラリアのニューサウスウェールズ州ゴール

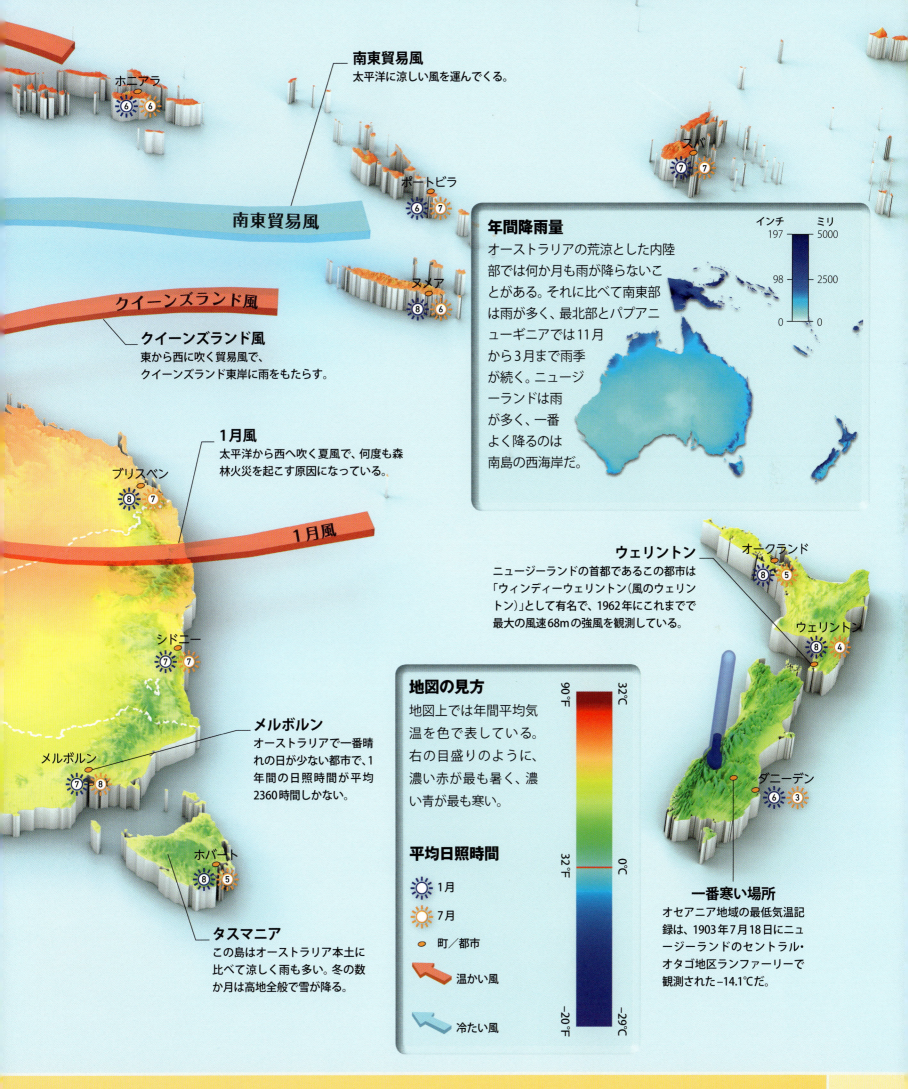

生物群系（バイオーム）

オーストラリアは砂漠と温帯広葉樹林が大半を占め、ニュージーランドは南アルプス山脈の山岳環境が大きな特徴となっている。

- 温帯広葉樹林
- 温帯草地
- 地中海性
- 熱帯広葉樹林
- 熱帯乾燥性広葉樹林
- 熱帯／亜熱帯草地
- 山岳
- 砂漠
- マングローブ

デビッドキョウミユビハリモグラ
イギリスの自然学者デビッド・アッテンボローにちなんで名付けられた、アリを食べるモグラ。体中とげだらけのこの動物は、絶滅の危機に瀕している。

アレキサンドラトリバネアゲハ
世界最大のチョウ。翼幅は最大31cmになる。

ヒクイドリ
角のようなトサカは、頭からやぶの中に突っ込むのに役立つ。

クスクス
このフクロネズミは強力な尻尾を使って木を登る。

クマノミ
この魚は毒を持ったイソギンチャクの触手の間に身を隠す。

イリエワニ
世界最大の爬虫類。獲物を水中で揺さぶって溺れさせる。

エリマキトカゲ
敵に襲われそうになったら、襟状の皮膚を広げて威嚇する。

クロオオコウモリ
このオオコウモリは翼幅が最大2mになる。

コッカトゥー
鳴き声がうるさいオウム。最大数百羽の群れを作る。

ヤッコエイ
辛抱強く海底に潜み、通り過ぎる巻き貝やカニを不意打ちにする。

ディンゴ
先史時代に家畜化されたイヌの子孫で、オーストラリア全土に広く生息している。

ワラビー
同じ仲間でもっと大きなカンガルーのように、ワラビーも子どもを袋に入れて運ぶ。

カンガルー
有袋類のひとつ。有袋類とは子どもをメスの袋の中で育てる動物のこと。

ハリモグラ
子どもを卵で産む数少ない哺乳類のひとつで、鋭いとげに守られている。

ヒメアゴヒゲトカゲ
この小型のトカゲは昆虫、無脊椎動物、小さな哺乳類を食べる。

ウォンバット
この有袋類は全長が最大200mになる複雑な構造の巣穴に暮らしている。

ナイリクタイパン
世界で最も強力な毒を持つ陸ヘビで、ネズミなどの小型哺乳類を餌にする。

ウェスタンブラウンスネーク
この動きの素早いヘビは、ネズミやトカゲを餌にしている。

セアカゴケグモ
噛まれると痛みに襲われたり、具合が悪くなったり、けいれんを起こしたりする。

エミュー
オーストラリア最大の鳥で、体高は1.9mに達する。長くてボサボサな羽毛が毛のように見える。

タイガースネーク
この猛毒を持つヘビはカエルやトカゲ、鳥、小型の哺乳類を餌にする。

フクロアリクイ
この有袋類は強力な前歯と爪でシロアリの巣を裂いて開く。

毒ヘビ

世界で最も危険な毒ヘビのいくつかはオーストラリアに生息している。中でもイースタンブラウンスネークによる死者が一番多く、次にウェスタンブラウンスネークとタイガースネークの犠牲者が多い。

イースタンブラウンスネークは極めて攻撃的になることがある。

132　オーストラリアには野生のラクダが30万頭ほどいる。

北極／南極

極寒の地
北極と南極は地球の最北と最南にあり、気候は極めて厳しく、気温が0℃を上回ることはめったにない。

北極／南極

ビンソン・マシフ
ロンネ棚氷の脇に位置し、大きな山脈の一角をなす山塊（マシフ）。ここに、南極の最高峰マウントビンソン（標高4892m）がある。

南極基地
地理的南極点にあるアムンゼン・スコット基地は1956年に開設され、最大200名の研究者が生活できる。

ミナミゾウアザラシ
アザラシ類の中で一番大きく、オスは体長が6mを超え、体重が4000kg以上になることもある。

クロミンククジラ
この小型のクジラは2頭から4頭の集団で生活する。

コオリウオ
血液中に一種の不凍液が入っているので、凍るほど冷たい水の中でも生きられる。

ワタリアホウドリ
翼幅が最大で3.5mと、どの鳥よりも大きい。一生の大半を海上を飛んで過ごす。

サヤハシチドリ
この鳥は泳げないので、ペンギンから魚や卵、ヒナを奪って食べる。

ナンキョクオオトウゾクカモメ
最大全高53cmになるこの鳥は、南極で卵をかえして海での暮らしに戻る。

ライギョダマシ
体長が最大1.7mになるこの魚は、イカ、カニ、エビ、小魚を餌にしている。

ヒョウアザラシ
この獰猛な肉食獣は、鋭い歯で他のアザラシやペンギン、魚を狩る。

南極

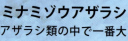

地球で一番南にある南極大陸は世界で最も寒く、気温は-93.2℃にまで下がります。これほど過酷な条件でも、南極は数多くの動物のすみかとなっています。ただ気候変動によって、南極の環境と動物の両方が脅かされています。

ロス棚氷
この海に浮かぶ巨大な氷の層は長さが600kmに達し、氷全体の約90%が海面下にある。

136　世界全体の氷の90%が南極にあり、これが

北極／南極

ホッキョククジラ
海面の氷を割って呼吸することができる。130歳まで生きられるホッキョククジラもいる。

北極点
地球の最北端は氷冠上にあり、その下に広がる北極海の深さは4200mほどに達する。

キタサンショウウオ
この両生類は極低温になっても、気温が上昇するまで体を完全に凍らせて生き延びられる。

コハクチョウ
くちばしの黒と黄色の模様が、それぞれの個体ごとに違う。

ホッキョクウサギ
このウサギは冬眠せず、雪を掘って餌を探す。

クロトウゾクカモメ
攻撃的な海鳥で、飛んでいる他の鳥を襲って餌を奪う。

ウミバト
北極圏じゅうに見られ、餌を探すときに最大60m急降下できる。

ライチョウ
白い羽が夏になると斑点のある茶色の羽に生え替わる。

メガネケワタガモ
アラスカやシベリア北東部の沿岸で卵をかえしたあと、海に浮かぶ流氷に点々と群れを作る。

キョクアジサシ
小さな鳥だが、毎年北極と南極の間を行き来し、7万kmを飛ぶ。

生物群系（バイオソーム）
- 氷床
- ツンドラ
- 北方樹林／ツンドラ

ヘイズン湖
北極圏で最も大きな湖のひとつで、カナダにある。深さは269m。ほぼ一年じゅう凍っている。

ニシオンデンザメ
泳ぐのが遅く、臭いをたよりに水中を漂う動物の死体を探して食べる。

138　北極圏の海氷は厚さが最大で4mになる。海氷に

太平洋／大西洋／インド洋

膨大な水をたたえる海
地球の表面の約71％が海に覆われ、地球にある水の97％が海にある。

太平洋

世界最大の海である太平洋の広さは群を抜いています。一番幅の広いところ(コロンビアからインドネシアまで)は1万9800kmに達し、その長さは地球半周に匹敵します。また太平洋には、地球で一番深い海溝や、海底からそびえる巨大な火山もあります。

主なデータ

総面積:
1億5555万7000km²

海岸線:
13万5663km

平均水深:
3970m

最深部:
チャレンジャー海淵(マリアナ海溝)
1万924m

主な水路:
1. パナマ運河
2. マゼラン海峡
3. 津軽海峡
4. 対馬海峡
5. トレス海峡

マゼラン海峡はチリ/アルゼンチン南端にあり、太平洋と大西洋を結ぶ。

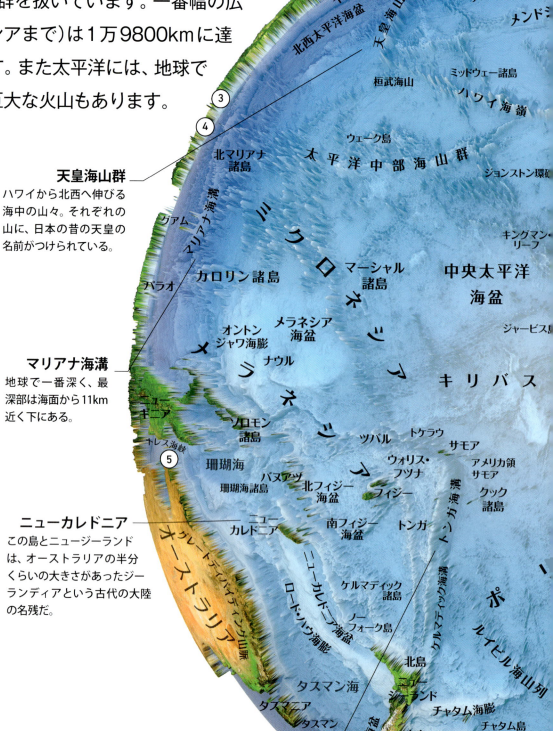

天皇海山群
ハワイから北西へ伸びる海中の山々。それぞれの山に、日本の昔の天皇の名前がつけられている。

マリアナ海溝
地球で一番深く、最深部は海面から11km近く下にある。

ニューカレドニア
この島とニュージーランドは、オーストラリアの半分くらいの大きさがあったジーランディアという古代の大陸の名残だ。

トンガ海溝
ニュージーランドの北島の北にあり、平均深度は1万500mに達する。

太平洋海盆は7つの大陸すべてが

世界にある**海水の半分強**を太平洋が占める。

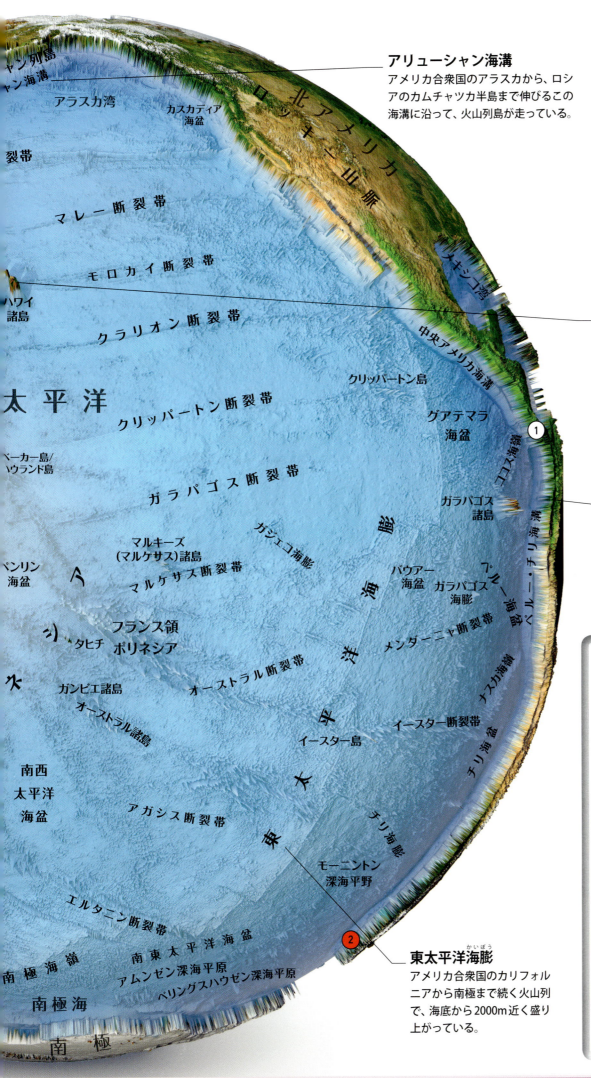

アリューシャン海溝
アメリカ合衆国のアラスカから、ロシアのカムチャツカ半島まで伸びるこの海溝に沿って、火山列島が走っている。

マウナロア山
ハワイ島に横たわる世界最大の活火山。海底から測ると、山頂までの高さが9000mになる

ペルー・チリ海溝
全長5900kmにおよぶ太平洋最長の海溝。これに並行してアンデス山脈がそびえる。

東太平洋海膨
アメリカ合衆国のカリフォルニアから南極まで続く火山列で、海底から2000m近く盛り上がっている。

環太平洋火山帯
太平洋は環太平洋火山帯という火山群に周りを囲まれている。この火山帯はニュージーランドから始まり、アジアや北極の近くを回って南アメリカまで続く。日本の富士山やアメリカ合衆国のセント・ヘレンズ山をはじめとする世界の火山の4分の3がここにある。

すっぽりと入ってしまうほど広い。

大西洋

世界で2番目に大きい海である大西洋は、北極から南極まで広がり、ヨーロッパ・アフリカの両大陸と南北アメリカ大陸を隔てています。地表の約5分の1を占め、世界有数の豊かな漁場があり、ガス田や油田も豊富にあります。

主なデータ

総面積：
7676万2000km²

海岸線：
11万1866km

平均水深：
3646m

最深部：
ミルウォーキー海淵（プエルトリコ海溝）
8605m

主な水路：
① イギリス海峡
② パナマ運河
③ フロリダ海峡
④ ジブラルタル海峡
⑤ マゼラン海峡

② 太平洋と大西洋を結ぶパナマ運河は、世界で最も通航量の多い水路のひとつに数えられる。

プエルトリコ海溝
全長800kmのこの海溝には、大西洋で最も深いところがある。

大西洋中央海嶺
この海中山脈は、海底に沿って1万6000kmにわたって伸びている。

アマゾン海底扇状地
アマゾン川から流れてきた土砂が海底に積もって、130万km²の広さの扇状の地形を作っている。

氷山
一般的に南極の氷山は北極の氷山よりも格段に大きく、最も大きいもので長さが80kmに達する。

144　大西洋横断飛行に初めて成功した人物はチャールズ・

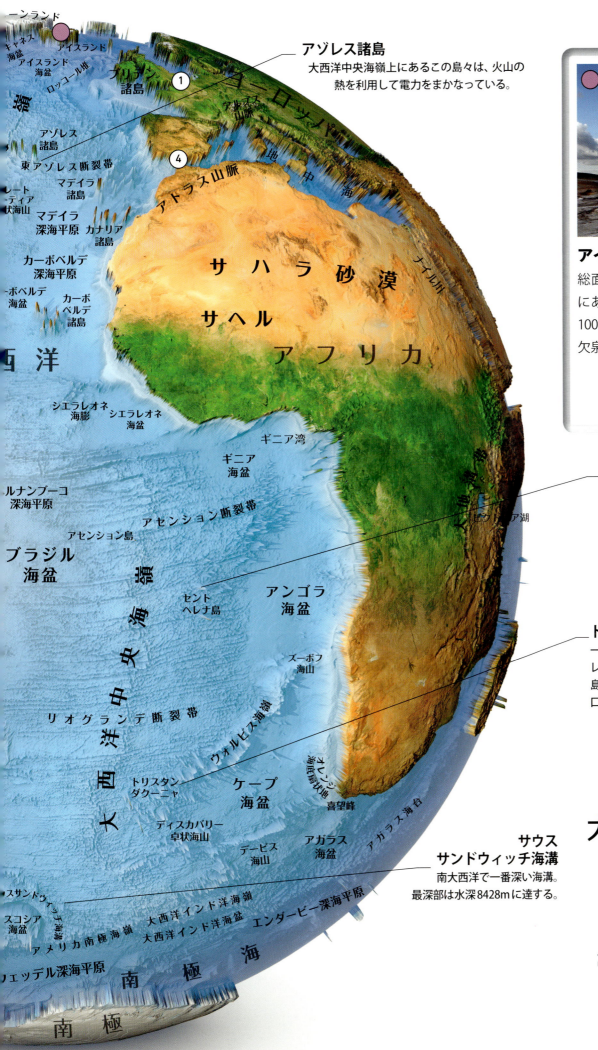

アゾレス諸島
大西洋中央海嶺上にあるこの島々は、火山の熱を利用して電力をまかなっている。

アイスランド
総面積が10万3000km²あり、大西洋中央海嶺上にある島として一番大きい。この島には火山が100以上あり、その多くがいまだに活動中で、間欠泉や温泉も数多く見られる。

セントヘレナ島
この小さな火山島は面積が122km²しかなく、1676年からずっとイギリスが統治している。

トリスタンダクーニャ
一番近くにある、人が住む陸地（セントヘレナ島）からでも2000km離れ、人が住む島としては世界で最も孤立している。人口は250人あまりしかいない。

サウスサンドウィッチ海溝
南大西洋で一番深い海溝。最深部は水深8428mに達する。

大西洋は大陸プレートどうしがゆっくりと離れていくことによって、**毎年最大10cm**広がっている。

リンドバーグで、1927年に33.5時間をかけて横断した。

145

インド洋

三大洋の中で一番小さいが、中東、アフリカ、東アジアをヨーロッパ、アメリカと結ぶ重要な海路となっています。水温が高いことから、太平洋と同じくサンゴ環礁やサンゴ島が点在しています。世界の人口の5分の1ほどがインド洋沿岸に暮らしています。

主なデータ

総面積：
6855万6000km²

海岸線：
6万6526km

平均水深：
3741m

最深部：
ディアマンティナ海淵（ジャワ海溝）
7258m

主な水路：
1. バブ・エル・マンデブ海峡
2. ホルムズ海峡
3. マラッカ海峡
4. スエズ運河
5. トレス海峡

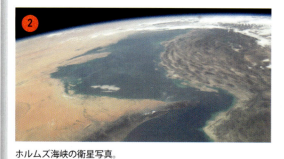

ホルムズ海峡の衛星写真。
左側に見えるのはアラブ首長国連邦。

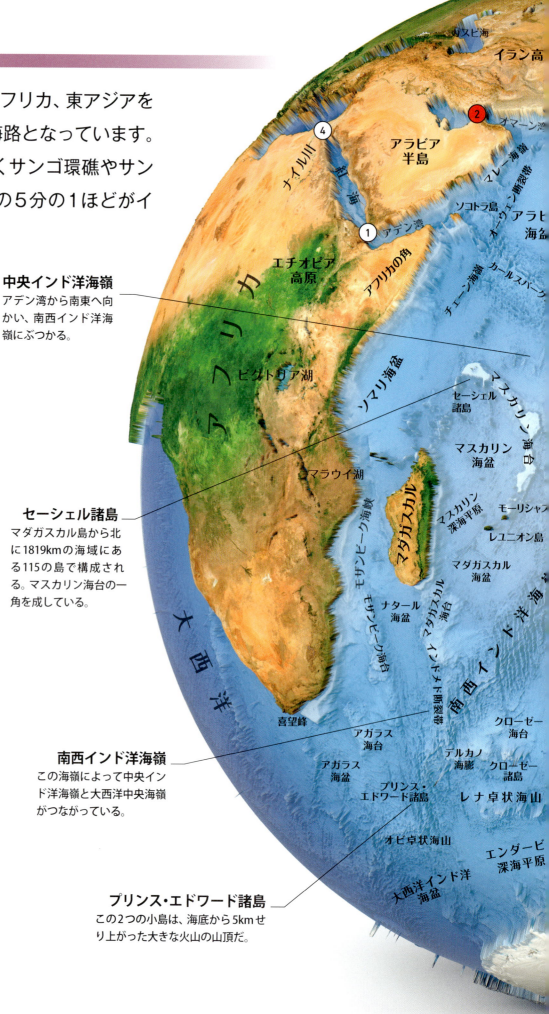

中央インド洋海嶺
アデン湾から南東へ向かい、南西インド洋海嶺にぶつかる。

セーシェル諸島
マダガスカル島から北に1819kmの海域にある115の島で構成される。マスカリン海台の一角を成している。

南西インド洋海嶺
この海嶺によって中央インド洋海嶺と大西洋中央海嶺がつながっている。

プリンス・エドワード諸島
この2つの小島は、海底から5kmせり上がった大きな火山の山頂だ。

インドの南にあり、約1200の島々で構成されるモルディブ

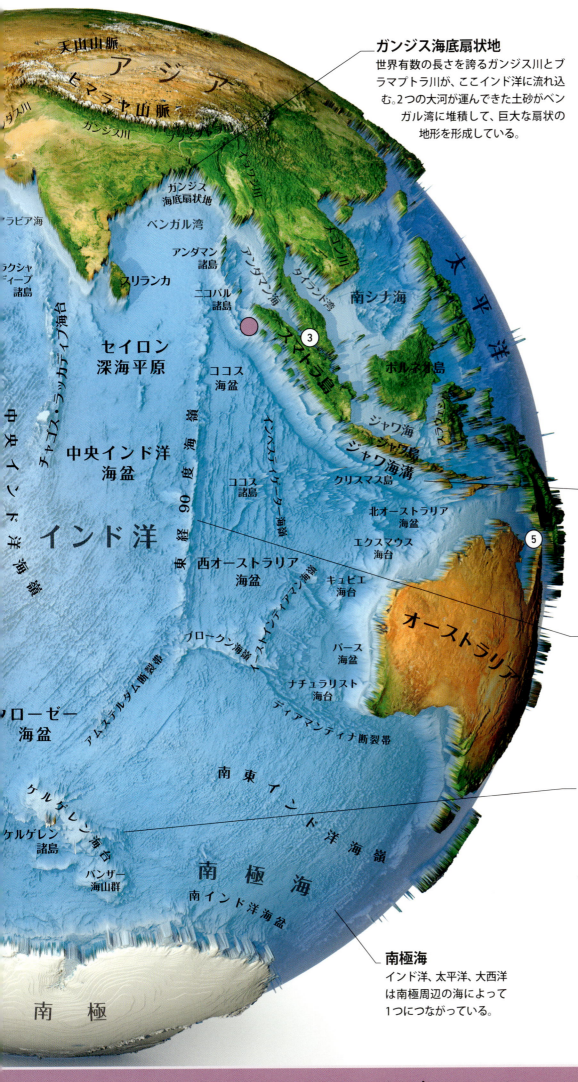

ガンジス海底扇状地
世界有数の長さを誇るガンジス川とブラマプトラ川が、ここインド洋に流れ込む。2つの大河が運んできた土砂がベンガル湾に堆積して、巨大な扇状の地形を形成している。

インド洋大津波
2004年12月26日にインドネシアのスマトラ島沖で起こった地震（観測史上3番目に大きな地震）が津波を引き起こした。この津波は高さが最大で30mにもなり、23万人の死者を出すなど、インド洋に面した多くの国々に壊滅的な被害をもたらした。

ジャワ海溝
インド洋において大きな海溝といえば、インドネシアのジャワ島からスマトラ島の南方に2570kmにわたって広がるこの海溝しかない。

東経90度海嶺
東経90度線に沿って伸びていることから、この名がつけられた。全長5000kmは海嶺として世界一長く、しかも真っ直ぐだ。

ケルゲレン海台
今はわずかな無人島しか残っていないが、かつては小さな大陸だった。

南極海
インド洋、太平洋、大西洋は南極周辺の海によって1つにつながっている。

インド洋は世界でも一番温かい海で、東部では水温が28℃に達する。

諸島は、海抜が1.8mを超える島が1つもない。

147

世界の国と地域

夜と昼
アジア、中東、東アフリカが日差しを浴びる一方、夜明け前のヨーロッパと西アフリカではまだ夜間の照明が光り続けている。

世界の国と地域

これは世界にある195の国と地域の一覧です。台湾とバチカン市国を除いて、すべて国際連合（国連）の加盟国となっています。

*は公用語であることを示す。

北アメリカ／中央アメリカ

カナダ
北アメリカ
首都：オタワ
人口：3510万人／1km²あたり4人
総面積：998万4670km²
言語：英語*、フランス語*、パンジャーブ語、イタリア語、ドイツ語、広東語、イヌクティトゥット語
通貨：カナダ・ドル＝100セント

アメリカ合衆国
北アメリカ
首都：ワシントンDC
人口：3億2400万人／1km²あたり33人
総面積：983万3517km²
言語：英語、スペイン語
通貨：アメリカ・ドル＝100セント

メキシコ
北アメリカ
首都：メキシコシティ
人口：1億2320万人／1km²あたり63人
総面積：196万4375km²
言語：スペイン語*、ナワトル語、マヤ語
通貨：メキシコ・ペソ＝100センタボ

ベリーズ
中央アメリカ
首都：ベルモパン
人口：34万7370人／1km²あたり15人
総面積：2万2966km²
言語：英語*、クレオール英語、スペイン語、マヤ語、ガリフナ（カリブ語）
通貨：ベリーズ・ドル＝100セント

コスタリカ
中央アメリカ
首都：サンホセ
人口：480万人／1km²あたり94人
総面積：5万1100km²
言語：スペイン語*、英語
通貨：コスタリカ・コロン＝100センティモ

エルサルバドル
中央アメリカ
首都：サンサルバドル
人口：610万人／1km²あたり290人
総面積：2万1041km²
言語：スペイン語*、ナワト語
通貨：アメリカ・ドル＝100セント

グアテマラ
中央アメリカ
首都：グアテマラシティ
人口：1520万人／1km²あたり140人
総面積：10万8889km²
言語：スペイン語*、先住民諸語
通貨：ケツァル＝100センタボ

ホンジュラス
中央アメリカ
首都：テグシガルパ
人口：890万人／1km²あたり79人
総面積：11万2090km²
言語：スペイン語*、先住民諸語
通貨：レンピラ＝100センタボ

ニカラグア
中央アメリカ
首都：マナグア
人口：600万人／1km²あたり46人
総面積：13万370km²
言語：スペイン語*、ミスキート語
通貨：コルドバ＝100センタボ

パナマ
中央アメリカ
首都：パナマシティ
人口：370万人／1km²あたり49人
総面積：7万5420km²
言語：スペイン語*、クレオール英語、ンガベレ語（グワイミ語）を含む先住民諸語
通貨：バルボア＝100センティモ

アンティグア・バーブーダ
西インド諸島
首都：セントジョンズ
人口：9万2436人／1km²あたり209人
総面積：443km²
言語：英語*、アンティグア・クレオール語
通貨：東カリブ・ドル＝100セント

バハマ
西インド諸島
首都：ナッソー
人口：32万4600人／1km²あたり23人
総面積：1万3880km²
言語：英語*、クレオール英語、クレオールフランス語
通貨：バハマ・ドル＝100セント

バルバドス
西インド諸島
首都：ブリッジタウン
人口：29万600人／1km²あたり676人
総面積：430km²
言語：英語*、ベイジャン語（バルバドス英語）
通貨：バルバドス・ドル＝100セント

キューバ
西インド諸島
首都：ハバナ
人口：1100万人／1km²あたり99人
総面積：11万860km²
言語：スペイン語*
通貨：キューバ・ペソ＝100センタボ

ドミニカ国
西インド諸島
首都：ロゾー
人口：7万3607人／1km²あたり98人
総面積：751km²
言語：英語*、クレオールフランス語
通貨：東カリブ・ドル＝100セント

ドミニカ共和国
西インド諸島
首都：サントドミンゴ
人口：1050万人／1km²あたり216人
総面積：4万8670km²
言語：スペイン語*
通貨：ドミニカ・ペソ＝100センタボ

グレナダ
西インド諸島
首都：セントジョージズ
人口：11万1000人／1km²あたり323人
総面積：344km²
言語：英語*、パトワフランス語
通貨：東カリブ・ドル＝100セント

ハイチ
西インド諸島
首都：ポルトープランス
人口：1050万人／1km²あたり378人
総面積：2万7750km²
言語：フランス語*、クレオールフランス語*
通貨：グールド＝100サンチーム

ジャマイカ
西インド諸島
首都：キングストン
人口：300万人／1km²あたり237人
総面積：1万991km²
言語：英語*、クレオール英語
通貨：ジャマイカ・ドル＝100セント

セントクリストファー・ネイビス
西インド諸島
首都：バセテール
人口：5万2329人／1km²あたり201人
総面積：261km²
言語：英語*
通貨：東カリブ・ドル＝100セント

セントルシア
西インド諸島
首都：カストリーズ
人口：16万4464人／1km²あたり267人
総面積：616km²
言語：英語*、クレオールフランス語
通貨：東カリブ・ドル＝100セント

セントビンセントおよびグレナディーン諸島
西インド諸島
首都：キングスタウン
人口：10万2350人／1km²あたり263人
総面積：389km²
言語：英語*、クレオール英語
通貨：東カリブ・ドル＝100セント

トリニダード・トバゴ
西インド諸島
首都：ポートオブスペイン
人口：120万人／1km²あたり234人
総面積：5128km²
言語：英語*、カリブ・ヒンドゥスターニー語、フランス語、スペイン語
通貨：トリニダード・トバゴ・ドル＝100セント

南アメリカ

コロンビア
南アメリカ
首都：ボゴタ
人口：4670万人／1km²あたり41人
総面積：113万8910km²
言語：スペイン語*、アメリカ先住民諸語、クレオール英語
通貨：コロンビア・ペソ＝100センタボ

ガイアナ
南アメリカ
首都：ジョージタウン
人口：73万5900人／1km²あたり3人
総面積：21万4969km²
言語：英語*、クレオール英語、先住民諸語、アメリカ先住民諸語
通貨：ガイアナ・ドル＝100セント

スリナム
南アメリカ
首都：パラマリボ
人口：58万5800人／1km²あたり4人
総面積：16万3820km²
言語：オランダ語*、英語、スラナン語
通貨：スリナム・ドル＝100セント

ベネズエラ
南アメリカ
首都：カラカス
人口：3090万人／1km²あたり34人
総面積：91万2050km²
言語：スペイン語*、多くの先住民諸語
通貨：ボリバル・フエル＝100センティモ

世界で最も新しい国は南スーダンで、

ボリビア
南アメリカ
首都：スクレ（司法）/ラパス（行政）
人口：1080万人 / 1km² あたり 10人
総面積：109万8581km²
言語：スペイン語*、ケチュア語*、アイマラ語*
通貨：ボリビアーノ＝100センタボ

エクアドル
南アメリカ
首都：キト
人口：1590万人 / 1km² あたり 56人
総面積：28万3561km²
言語：スペイン語*、ケチュア語*、その他の先住民諸語
通貨：アメリカ・ドル＝100セント

ペルー
南アメリカ
首都：リマ
人口：3070万人 / 1km² あたり 24人
総面積：128万5216km²
言語：スペイン語*、ケチュア語*、アイマラ語*、その他の先住民諸語
通貨：ヌエボ・ソル＝100センティモ

ブラジル
南アメリカ
首都：ブラジリア
人口：2億430万人 / 1km² あたり 24人
総面積：851万5770km²
言語：ポルトガル語*、ドイツ語、イタリア語、スペイン語、ポーランド語、日本語
通貨：レアル＝100センタボ

アルゼンチン
南アメリカ
首都：ブエノスアイレス
人口：4340万人 / 1km² あたり 16人
総面積：278万400km²
言語：スペイン語*、イタリア語、英語、ドイツ語、フランス語、先住民諸語
通貨：アルゼンチン・ペソ＝100センタボ

ウルグアイ
南アメリカ
首都：モンテビデオ
人口：340万人 / 1km² あたり 27人
総面積：17万6215km²
言語：スペイン語*、ポルトゥニョール語
通貨：ウルグアイ・ペソ＝100センティモ

チリ
南アメリカ
首都：サンティアゴ
人口：1750万人 / 1km² あたり 23人
総面積：75万6102km²
言語：スペイン語*、先住民諸語
通貨：チリ・ペソ＝100センタボ

パラグアイ
南アメリカ
首都：アスンシオン
人口：690万人 / 1km² あたり 17人
総面積：40万6752km²
言語：スペイン語*、グアラニー語*
通貨：グアラニー＝100センティモ

アフリカ

アルジェリア
北アフリカ
首都：アルジェ
人口：3950万人 / 1km² あたり 17人
総面積：238万1740km²
言語：アラビア語*、タマジグト語*、フランス語
通貨：アルジェリア・ディナール＝100サンチーム

リビア
北アフリカ
首都：トリポリ
人口：650万人 / 1km² あたり 4人
総面積：175万9540km²
言語：アラビア語*、ベルベル語
通貨：リビア・ディナール＝1000ディルハム

モロッコ
北アフリカ
首都：ラバト
人口：3370万人 / 1km² あたり 76人
総面積：44万6550km²
言語：アラビア語*、タマジグト語*、フランス語
通貨：モロッコ・ディルハム＝100サンチーム

チュジニア
北アフリカ
首都：チュニス
人口：1110万人 / 1km² あたり 68人
総面積：16万3610km²
言語：アラビア語*、フランス語、ベルベル語
通貨：チュニジア・ディナール＝1000ミリーム

ブルンジ
中部アフリカ
首都：ブジュンブラ
人口：1070万人 / 1km² あたり 384人
総面積：2万7830km²
言語：ルンディ語*、フランス語*、スワヒリ語
通貨：ブルンジ・フラン＝100サンチーム

ジブチ
東アフリカ
首都：ジブチ
人口：82万8324人 / 1km² あたり 36人
総面積：2万3200km²
言語：フランス語*、アラビア語*、ソマリ語、アファル語
通貨：ジブチ・フラン＝100サンチーム

エジプト
北アフリカ
首都：カイロ
人口：8850万人 / 1km² あたり 88人
総面積：100万1450km²
言語：アラビア語*、フランス語、英語
通貨：エジプト・ポンド＝100ピアストル

エリトリア
東アフリカ
首都：アスマラ
人口：590万人 / 1km² あたり 50人
総面積：11万7600km²
言語：ティグリニャ語*、アラビア語*、英語*、ティグレ語、アファル語、ビリン語、クナマ語、ナラ語
通貨：ナクファ＝100セント

エチオピア
東アフリカ
首都：アジスアベバ
人口：1億230万人 / 1km² あたり 91人
総面積：110万4300km²
言語：アムハラ語*、オロモ語、ティグリニャ語
通貨：エチオピア・ブル＝100サンチーム

ケニア
東アフリカ
首都：ナイロビ
人口：4550万人 / 1km² あたり 80人
総面積：58万367km²
言語：スワヒリ語*、英語*
通貨：ケニア・シリング＝100セント

ルワンダ
中部アフリカ
首都：キガリ
人口：1290万人 / 1km² あたり 490人
総面積：2万6338km²
言語：フランス語*、ルワンダ語*、英語
通貨：ルワンダ・フラン＝100サンチーム

ソマリア
東アフリカ
首都：モガディシュ
人口：1080万人 / 1km² あたり 17人
総面積：63万7657km²
言語：ソマリ語*、アラビア語*、英語、イタリア語
通貨：ソマリア・シリング＝100セント

南スーダン
東アフリカ
首都：ジュバ
人口：1250万人 / 1km² あたり 19人
総面積：64万4329km²
言語：英語*、アラビア語、ディンカ語、ヌエル語
通貨：南スーダン・ポンド＝100ピアストル

スーダン
東アフリカ
首都：ハルツーム
人口：3670万人 / 1km² あたり 20人
総面積：186万1484km²
言語：アラビア語*、英語*、ヌビア語、フル語
通貨：スーダン・ポンド＝100ピアストル

タンザニア
東アフリカ
首都：ドドマ
人口：5250万人 / 1km² あたり 55人
総面積：94万7300km²
言語：英語*、スワヒリ語*、スクマ語、チャガ語、ニャムウェジ語、ヘヘ語、マコンデ語
通貨：タンザニア・シリング＝100セント

ウガンダ
東アフリカ
首都：カンパラ
人口：3830万人 / 1km² あたり 159人
総面積：24万1038km²
言語：英語*、ガンダ語
通貨：ウガンダ・シリング＝100セント

ベナン
西アフリカ
首都：ポルトノボ
人口：1040万人 / 1km² あたり 92人
総面積：11万2622km²
言語：フランス語*、フォン語、バリバ語、ヨルバ語、アジャ語、フエダ語、ソンバ語
通貨：西アフリカCFAフラン＝100サンチーム

ブルキナファソ
西アフリカ
首都：ワガドゥグー
人口：1890万人 / 1km² あたり 69人
総面積：27万4200km²
言語：フランス語*、スーダン語族をはじめとする諸語
通貨：西アフリカCFAフラン＝100サンチーム

カーボベルデ
大西洋
首都：プライア
人口：54万5993人 / 1km² あたり 135人
総面積：4033km²
言語：ポルトガル語*、クレオール・ポルトガル語
通貨：カーボベルデ・エスクード＝100センタボ

コートジボワール
西アフリカ
首都：ヤムスクロ
人口：2370万人 / 1km² あたり 74人
総面積：32万2463km²
言語：フランス語*、ジュラ語
通貨：西アフリカCFAフラン＝100サンチーム

ガンビア
西アフリカ
首都：バンジュール
人口：200万人 / 1km² あたり 177人
総面積：1万1300km²
言語：英語*、マンディンカ語、フラ語、ウォロフ語
通貨：ダラシ＝100ブトゥツ

ガーナ
西アフリカ
首都：アクラ
人口：2690万人 / 1km² あたり 113人
総面積：23万8533km²
言語：英語*、アサンテ方言、エウェ語、ファンティ語、ボロン語
通貨：セディ＝100ペセワ

ギニア
西アフリカ
首都：コナクリ
人口：1210万人 / 1km² あたり 49人
総面積：24万5857km²
言語：フランス語*、フラニ語、マンリケ語、スス語
通貨：ギニア・フラン＝100サンチーム

ギニアビサウ
西アフリカ
首都：ビサウ
人口：180万人 / 1km² あたり 49人
総面積：3万6125km²
言語：ポルトガル語*、西アフリカクリオール語
通貨：西アフリカCFAフラン＝100サンチーム

リベリア
西アフリカ
首都：モンロビア
人口：430万人 / 1km² あたり 39人
総面積：11万1370km²
言語：英語*
通貨：リベリア・ドル＝100セント

マリ
西アフリカ
首都：バマコ
人口：1750万人 / 1km² あたり 14人
総面積：124万km²
言語：フランス語*、バンバラ語、プール語、ドゴン語
通貨：西アフリカCFAフラン＝100サンチーム

2011年7月14日に国際連合の加盟国になった。

モーリタニア
西アフリカ
首都：ヌアクショット
人口：370万人 / 1km² あたり 4人
総面積：103万700km²
言語：アラビア語*、ハッサーニーヤアラビア語、プラール語、ソニンケ語
通貨：ウギア=5コウム

ニジェール
西アフリカ
首都：ニアメ
人口：1860万人 / 1km² あたり 5人
総面積：126万7000km²
言語：フランス語*、ハウサ語、ジェルマ語
通貨：西アフリカCFAフラン=100サンチーム

ナイジェリア
西アフリカ
首都：アブジャ
人口：1億8600万人 / 1km² あたり 201人
総面積：92万3768km²
言語：英語*、ハウサ語、ヨルバ語、イボ語
通貨：ナイラ=100コボ

セネガル
西アフリカ
首都：ダカール
人口：1430万人 / 1km² あたり 73人
総面積：19万6722km²
言語：フランス語*、ウォロフ語、プラール語
通貨：西アフリカCFAフラン=100サンチーム

シエラレオネ
西アフリカ
首都：フリータウン
人口：600万人 / 1km² あたり 84人
総面積：7万1740km²
言語：英語*、メンデ語、テムネ語、クリオ語
通貨：レオン=100セント

トーゴ
西アフリカ
首都：ロメ
人口：780万人 / 1km² あたり 137人
総面積：5万6785km²
言語：フランス語*、エウェ語、ミナ語、カビエ語
通貨：西アフリカCFAフラン=100サンチーム

カメルーン
中部アフリカ
首都：ヤウンデ
人口：2370万人 / 1km² あたり 50人
総面積：47万5440km²
言語：英語*、フランス語*、バミレケ語、ファン語、フラニ語
通貨：中部アフリカCFAフラン=100サンチーム

中央アフリカ共和国
中部アフリカ
首都：バンギ
人口：540万人 / 1km² あたり 9人
総面積：62万2984km²
言語：フランス語*、サンゴ語、バンダ語、バヤ語
通貨：中部アフリカCFAフラン=100サンチーム

チャド
中部アフリカ
首都：ンジャメナ
人口：1320万人 / 1km² あたり 10人
総面積：128万4000km²
言語：フランス語*、アラビア語*、サラ語、マバ語
通貨：中部アフリカCFAフラン=100サンチーム

コンゴ共和国
中部アフリカ
首都：ブラザビル
人口：480万人 / 1km² あたり 14人
総面積：34万2000km²
言語：フランス語*、ムヌクトゥバ語、コンゴ語、リンガラ語
通貨：中部アフリカCFAフラン=100サンチーム

コンゴ民主共和国
中部アフリカ
首都：キンシャサ
人口：7940万人 / 1km² あたり 34人
総面積：234万4858km²
言語：フランス語*、チルバ語、コンゴ語、リンガラ語、キングワナ語
通貨：コンゴ・フラン=100サンチーム

赤道ギニア
中部アフリカ
首都：マラボ
人口：75万9451人 / 1km² あたり 27人
総面積：2万8051km²
言語：スペイン語*、ファン語、ブビ語
通貨：中部アフリカCFAフラン=100サンチーム

ガボン
中部アフリカ
首都：リーブルビル
人口：170万人 / 1km² あたり 6人
総面積：26万7667km²
言語：フランス語*、ファン語、ミエネ語、バプヌ語、ンゼビ語
通貨：中部アフリカCFAフラン=100サンチーム

サントメ・プリンシペ
西アフリカ
首都：サントメ
人口：19万7541人 / 1km² あたり 204人
総面積：964km²
言語：ポルトガル語*、フォホー語
通貨：ドブラ=100センティモ

アンゴラ
南部アフリカ
首都：ルアンダ
人口：2570万人 / 1km² あたり 21人
総面積：124万6700km²
言語：ポルトガル語*、ウンブンド語、キンブンド語、コンゴ語
通貨：クワンザ=100センティモ

ボツワナ
南部アフリカ
首都：ハボローネ
人口：220万人 / 1km² あたり 4人
総面積：58万1730km²
言語：英語*、ツワナ語、ショナ語、サン語、コイコイ語、ンデベレ語
通貨：プラ=100テベ

コモロ
インド洋
首都：モロニ
人口：78万972人 / 1km² あたり 349人
総面積：2235km²
言語：アラビア語*、フランス語*、コモロ語*
通貨：コモロ・フラン=100サンチーム

レソト
南部アフリカ
首都：マセル
人口：200万人 / 1km² あたり 66人
総面積：3万355km²
言語：ソト語*、英語*、ズールー語
通貨：ロチ=100センテ

マダガスカル
インド洋
首都：アンタナナリボ
人口：2440万人 / 1km² あたり 42人
総面積：58万7041km²
言語：フランス語*、マダガスカル語*
通貨：マダガスカル・アリアリ=5イライムビランジャ

マラウイ
南部アフリカ
首都：リロングウェ
人口：1860万人 / 1km² あたり 157人
総面積：11万8484km²
言語：英語*、チェワ語*、ニャンジャ語、ヤオ語
通貨：マラウイ・クワチャ=100タンバラ

モーリシャス
インド洋
首都：ポートルイス
人口：140万人 / 1km² あたり 686人
総面積：2040km²
言語：英語、フランス語、クレオールフランス語
通貨：モーリシャス・ルピー=100セント

モザンビーク
南部アフリカ
首都：マプト
人口：2600万人 / 1km² あたり 32人
総面積：79万9380km²
言語：ポルトガル語*、マクワ語、シャンガナ語
通貨：メティカル=100センタボ

ナミビア
南部アフリカ
首都：ウィントフック
人口：240万人 / 1km² あたり 3人
総面積：82万4292km²
言語：英語*、オバンボ語、ナマ語、アフリカーンス語
通貨：ナミビア・ドル=100セント

セーシェル
インド洋
首都：ビクトリア
人口：9万3200人 / 1km² あたり 205人
総面積：455km²
言語：セーシェル・クレオール語*、英語*、フランス語*
通貨：セーシェル・ルピー=100セント

南アフリカ
南部アフリカ
首都：プレトリア（行政）
人口：5430万人 / 1km² あたり 45人
総面積：121万9090km²
言語：ズールー語*、コサ語*、アフリカーンス語*、英語*
通貨：ランド=100セント

スワジランド
南部アフリカ
首都：ムババーネ
人口：150万7人 / 1km² あたり 86人
総面積：1万7364km²
言語：スワジ語*、英語*
通貨：リランゲニ=100セント

ザンビア
南部アフリカ
首都：ルサカ
人口：1550万人 / 1km² あたり 21人
総面積：75万2618km²
言語：英語*、ベンバ語、ニャンジャ語、トンガ語
通貨：ザンビア・クワチャ=100ングェー

ジンバブエ
南部アフリカ
首都：ハラレ
人口：1450万人 / 1km² あたり 37人
総面積：39万757km²
言語：ショナ語*、ンデベレ語*、英語
通貨：アメリカ・ドル=100セント

ヨーロッパ

アイスランド
北西ヨーロッパ
首都：レイキャビク
人口：33万5900人 / 1km² あたり 3人
総面積：10万3000km²
言語：アイスランド語*、英語
通貨：アイスランド・クローナ=100オイラル

デンマーク
北ヨーロッパ
首都：コペンハーゲン
人口：540万人 / 1km² あたり 125人
総面積：4万3094km²
言語：デンマーク語*、フェロー語、イヌイット語
通貨：デンマーク・クローネ=100オーレ

フィンランド
北ヨーロッパ
首都：ヘルシンキ
人口：550万人 / 1km² あたり 16人
総面積：33万8145km²
言語：フィンランド語*、スウェーデン語*、サーミ語
通貨：ユーロ=100セント

ノルウェー
北ヨーロッパ
首都：オスロ
人口：530万人 / 1km² あたり 16人
総面積：32万3802km²
言語：ノルウェー語*（ブークモールおよびニーノシュク）、サーミ語、フィンランド語
通貨：ノルウェー・クローネ=100オーレ

スウェーデン
北ヨーロッパ
首都：ストックホルム
人口：990万人 / 1km² あたり 22人
総面積：45万295km²
言語：スウェーデン語*、フィンランド語、サーミ語
通貨：スウェーデン・クローナ=100オーレ

国際連合が1945年に創設された

ベルギー
北西ヨーロッパ
首都：ブリュッセル
人口：1130万人 / 1km²あたり 338人
総面積：3万528km²
言語：オランダ語*、フランス語*、ドイツ語*、フラマン語
通貨：ユーロ＝100セント

ルクセンブルク
北西ヨーロッパ
首都：ルクセンブルク
人口：58万2300人 / 1km²あたり 225人
総面積：2586km²
言語：フランス語*、ドイツ語*、ルクセンブルク語*、ポルトガル語
通貨：ユーロ＝100セント

オランダ
北西ヨーロッパ
首都：アムステルダム／ハーグ
人口：1700万人 / 1km²あたり 409人
総面積：4万1543km²
言語：オランダ語*、フリジア語
通貨：ユーロ＝100セント

アイルランド
北西ヨーロッパ
首都：ダブリン
人口：490万人 / 1km²あたり 70人
総面積：7万273km²
言語：英語*、アイルランド語*
通貨：ユーロ＝100セント

イギリス
北西ヨーロッパ
首都：ロンドン
人口：6440万人 / 1km²あたり 264人
総面積：24万3610km²
言語：英語*、ウェールズ語
通貨：スターリング・ポンド＝100ペンス

フランス
西ヨーロッパ
首都：パリ
人口：6280万人 / 1km²あたり 114人
総面積：55万1500km²
言語：フランス語*、プロバンス語、ブルトン語、カタルーニャ語、バスク語、コルシカ語
通貨：ユーロ＝100セント

モナコ
南ヨーロッパ
首都：モナコ
人口：3万581人 / 1km²あたり 1万5291人
総面積：2km²
言語：フランス語*、イタリア語、モナコ語、英語
通貨：ユーロ＝100セント

アンドラ
南西ヨーロッパ
首都：アンドラ・ラ・ベリャ
人口：8万5580人 / 1km²あたり 183人
総面積：468km²
言語：カタルーニャ語*、スペイン語、フランス語、ポルトガル語
通貨：ユーロ＝100セント

ポルトガル
南西ヨーロッパ
首都：リスボン
人口：1080万人 / 1km²あたり 109人
総面積：9万2090km²
言語：ポルトガル語*、ミランダ語
通貨：ユーロ＝100セント

スペイン
南西ヨーロッパ
首都：マドリード
人口：4860万人 / 1km²あたり 96人
総面積：50万5370km²
言語：カスティーリャ語（スペイン語）*、カタルーニャ語*、ガリシア語*、バスク語*
通貨：ユーロ＝100セント

オーストリア
中央ヨーロッパ
首都：ウィーン
人口：870万人 / 1km²あたり 104人
総面積：8万3871km²
言語：ドイツ語*、トルコ語、セルビア語、クロアチア語、スロベニア語、ハンガリー語（マジャール語）
通貨：ユーロ＝100セント

ドイツ
中央ヨーロッパ
首都：ベルリン
人口：8100万人 / 1km²あたり 227人
総面積：35万7022km²
言語：ドイツ語*
通貨：ユーロ＝100セント

リヒテンシュタイン
中央ヨーロッパ
首都：ファドゥーツ
人口：3万7937人 / 1km²あたり 237人
総面積：160km²
言語：ドイツ語*、アレマン方言、イタリア語
通貨：スイス・フラン＝100サンチーム

スロベニア
中央ヨーロッパ
首都：リュブリャナ
人口：200万人 / 1km²あたり 99人
総面積：2万273km²
言語：スロベニア語*、セルビア・クロアチア語
通貨：ユーロ＝100セント

スイス
中央ヨーロッパ
首都：ベルン
人口：820万人 / 1km²あたり 199人
総面積：4万1277km²
言語：ドイツ語*、フランス語*、イタリア語*、ロマンシュ語*
通貨：スイス・フラン＝100サンチーム

イタリア
南ヨーロッパ
首都：ローマ
人口：6200万人 / 1km²あたり 206人
総面積：30万1340km²
言語：イタリア語*、ドイツ語、フランス語、スロベニア語
通貨：ユーロ＝100セント

マルタ
南ヨーロッパ
首都：バレッタ
人口：41万5196人 / 1km²あたり 1314人
総面積：316km²
言語：マルタ語*、英語
通貨：ユーロ＝100セント

サンマリノ
南ヨーロッパ
首都：サンマリノ
人口：3万3285人 / 1km²あたり 546人
総面積：61km²
言語：イタリア語*
通貨：ユーロ＝100セント

バチカン市国
南ヨーロッパ
首都：バチカン市
人口：1000人 / 1km²あたり 2273人
総面積：0.44km²
言語：イタリア語*、ラテン語*
通貨：ユーロ＝100セント

チェコ
中央ヨーロッパ
首都：プラハ
人口：1060万人 / 1km²あたり 134人
総面積：7万8867km²
言語：チェコ語*、スロバキア語
通貨：チェコ・コルナ＝100ハレル

ハンガリー
中央ヨーロッパ
首都：ブダペスト
人口：990万人 / 1km²あたり 106人
総面積：9万3028km²
言語：ハンガリー語*
通貨：フォリント＝100フィレール

ポーランド
中央ヨーロッパ
首都：ワルシャワ
人口：3850万人 / 1km²あたり 123人
総面積：31万2685km²
言語：ポーランド語*、シレジア語
通貨：ズウォティ＝100グロシュ

スロバキア
中央ヨーロッパ
首都：ブラチスラバ
人口：550万人 / 1km²あたり 112人
総面積：4万9035km²
言語：スロバキア語*、ハンガリー語（マジャール語）、ロマニー語
通貨：ユーロ＝100セント

アルバニア
東南ヨーロッパ
首都：ティラナ
人口：300万人 / 1km²あたり 104人
総面積：2万8748km²
言語：アルバニア語*、ギリシャ語、マケドニア語
通貨：レク＝100チンダルク

ボスニア・ヘルツェゴビナ
東南ヨーロッパ
首都：サラエボ
人口：390万人 / 1km²あたり 76人
総面積：5万1197km²
言語：ボスニア語*、クロアチア語*、セルビア語*
通貨：マルカ＝100ペニーガ

クロアチア
東南ヨーロッパ
首都：ザグレブ
人口：450万人 / 1km²あたり 80人
総面積：5万6594km²
言語：クロアチア語*、セルビア語、ハンガリー語
通貨：クーナ＝100リパ

マケドニア
東南ヨーロッパ
首都：スコピエ
人口：210万人 / 1km²あたり 82人
総面積：2万5713km²
言語：マケドニア語*、アルバニア語、トルコ語
通貨：マケドニア・デナール＝100デニ

モンテネグロ
東南ヨーロッパ
首都：ポドゴリツァ
人口：64万4578人 / 1km²あたり 47人
総面積：1万3812km²
言語：モンテネグロ語*、セルビア語、ボスニア語、アルバニア語
通貨：ユーロ＝100セント

セルビア
東南ヨーロッパ
首都：ベオグラード
人口：710万人 / 1km²あたり 92人
総面積：7万7474km²
言語：セルビア語*、ハンガリー語
通貨：セルビア・ディナール＝100パラ

キプロス
東南ヨーロッパ
首都：ニコシア
人口：120万人 / 1km²あたり 130人
総面積：9250km²
言語：ギリシャ語*、トルコ語*、英語
通貨：ユーロ＝100セント

ブルガリア
東南ヨーロッパ
首都：ソフィア
人口：720万人 / 1km²あたり 65人
総面積：11万879km²
言語：ブルガリア語*、トルコ語、ロマ語
通貨：レフ＝100ストティンキ

ギリシャ
東南ヨーロッパ
首都：アテネ
人口：1070万人 / 1km²あたり 81人
総面積：13万1957km²
言語：ギリシャ語*
通貨：ユーロ＝100セント

ベラルーシ
東ヨーロッパ
首都：ミンスク
人口：960万人 / 1km²あたり 46人
総面積：20万7600km²
言語：ベラルーシ語*、ロシア語*
通貨：新ベラルーシ・ルーブル＝100カペイカ

エストニア
北東ヨーロッパ
首都：タリン
人口：130万人 / 1km²あたり 29人
総面積：4万5228km²
言語：エストニア語*、ロシア語
通貨：ユーロ＝100セント

ラトビア
北東ヨーロッパ
首都：リガ
人口：200万人 / 1km²あたり 31人
総面積：6万4589km²
言語：ラトビア語*、ロシア語
通貨：ユーロ＝100セント

ときの原加盟国は55か国だった。

世界の国と地域

リトアニア
北東ヨーロッパ
首都：ビリニュス
人口：280万人 / 1km² あたり43人
総面積：6万5300km²
言語：リトアニア語*、ロシア語
通貨：ユーロ=100セント

モルドバ
東南ヨーロッパ
首都：キシナウ
人口：350万人 / 1km² あたり103人
総面積：3万3851km²
言語：モルドバ語*、ルーマニア語、ロシア語
通貨：モルドバ・レウ=100バニ

ルーマニア
東南ヨーロッパ
首都：ブカレスト
人口：2160万人 / 1km² あたり91人
総面積：23万7500km²
言語：ルーマニア語*、ハンガリー語、ロマニー語
通貨：ルーマニア・レウ=100バニ

ウクライナ
東ヨーロッパ
首都：キエフ
人口：4420万人 / 1km² あたり73人
総面積：60万3550km²
言語：ウクライナ語*、ロシア語
通貨：フリブニャ=100コピーイカ

ロシア連邦
ヨーロッパ／アジア
首都：モスクワ
人口：1億4240万人 / 1km² あたり8人
総面積：1709万8242km²
言語：ロシア語*、タタール語
通貨：ロシア・ルーブル=100カペイカ

アジア

カザフスタン
中央アジア
首都：アスタナ
人口：1840万人 / 1km² あたり6人
総面積：272万4900km²
言語：カザフ語*、ロシア語
通貨：テンゲ=100ティイン

アルメニア
南西アジア
首都：エレバン
人口：310万人 / 1km² あたり104人
総面積：2万9743km²
言語：アルメニア語*、ロシア語、クルド語
通貨：ドラム=100ルマ

アゼルバイジャン
南西アジア
首都：バクー
人口：980万人 / 1km² あたり113人
総面積：8万6600km²
言語：アゼリー語*、ロシア語
通貨：マナト=100ケピック

ジョージア
南西アジア
首都：トビリシ
人口：490万人 / 1km² あたり70人
総面積：6万9700km²
言語：ジョージア語（カルトリ語）*、ロシア語
通貨：ラリ=100テトリ

トルコ
アジア／ヨーロッパ
首都：アンカラ
人口：8030万人 / 1km² あたり103人
総面積：78万3562km²
言語：トルコ語*、クルド語
通貨：トルコリラ=100クルシュ

イスラエル
南西アジア
首都：エルサレム（係争中）
人口：820万人 / 1km² あたり395人
総面積：2万770km²
言語：ヘブライ語*、アラビア語、英語
通貨：シェケル=100アゴロット

ヨルダン
南西アジア
首都：アンマン
人口：820万人 / 1km² あたり55人
総面積：8万9342km²
言語：アラビア語*
通貨：ヨルダン・ディナール=1000フィルス

レバノン
南西アジア
首都：ベイルート
人口：620万人 / 1km² あたり596人
総面積：1万400km²
言語：アラビア語*、フランス語、アルメニア語、アッシリア語
通貨：レバノン・ポンド=100ピアストル

シリア
南西アジア
首都：ダマスカス
人口：1720万人 / 1km² あたり93人
総面積：18万5180km²
言語：アラビア語*、クルド語、アルメニア語、チェルケス語、アラム語
通貨：シリア・ポンド=100ピアストル

バーレーン
南西アジア
首都：マナマ
人口：130万人 / 1km² あたり1772人
総面積：720km²
言語：アラビア語*、英語、ウルドゥー語、ファルシ語
通貨：バーレーン・ディナール=1000フィルス

イラン
南西アジア
首都：テヘラン
人口：8280万人 / 1km² あたり50人
総面積：164万8195km²
言語：ファルシ語（ペルシャ語）*、アゼリー語、ギラキ語、バローチー語、マーザンダラーン語、クルド語、アラビア語
通貨：イラン・リヤル=10トマン

イラク
南西アジア
首都：バグダッド
人口：3820万人 / 1km² あたり87人
総面積：43万8317km²
言語：アラビア語*、クルド語*、アルメニア語、アッシリア語、チュルク諸語
通貨：イラク・ディナール=100フィルス

クウェート
南西アジア
首都：クウェート
人口：280万人 / 1km² あたり157人
総面積：1万7820km²
言語：アラビア語*、英語
通貨：クウェート・ディナール=1000フィルス

オマーン
南西アジア
首都：マスカット
人口：340万人 / 1km² あたり11人
総面積：30万9500km²
言語：アラビア語*、バローチー語
通貨：オマーン・リアル=1000バイザ

カタール
南西アジア
首都：ドーハ
人口：230万人 / 1km² あたり198人
総面積：1万1586km²
言語：アラビア語*
通貨：カタール・リヤル=100ディルハム

サウジアラビア
南西アジア
首都：リヤド
人口：2810万人 / 1km² あたり13人
総面積：214万9690km²
言語：アラビア語*
通貨：サウジアラビア・リヤル=100ハララ

アラブ首長国連邦
南西アジア
首都：アブダビ
人口：590万人 / 1km² あたり71人
総面積：8万2600km²
言語：アラビア語*、ファルシ語、英語、インドパキスタン諸語
通貨：UAEディルハム=100フィルス

イエメン
南西アジア
首都：サナア
人口：2740万人 / 1km² あたり52人
総面積：52万7968km²
言語：アラビア語*
通貨：イエメン・リアル=100フィルス

アフガニスタン
中央アジア
首都：カーブル
人口：3200万人 / 1km² あたり50人
総面積：65万2230km²
言語：ペルシャ語*、パシュトー語*、ウズベク語、トルクメン語
通貨：アフガニ=100プル

キルギス
中央アジア
首都：ビシュケク
人口：570万人 / 1km² あたり29人
総面積：19万9951km²
言語：キルギス語*、ロシア語*、ウズベク語
通貨：ソム=100トゥイン

タジキスタン
中央アジア
首都：ドゥシャンベ
人口：830万人 / 1km² あたり58人
総面積：14万4100km²
言語：タジク語*、ロシア語
通貨：ソモニ=100ディラム

トルクメニスタン
中央アジア
首都：アシガバート
人口：530万人 / 1km² あたり11人
総面積：48万8100km²
言語：トルクメン語*、ロシア語、ウズベク語
通貨：マナト=100テンゲ

ウズベキスタン
中央アジア
首都：タシュケント
人口：2950万人 / 1km² あたり66人
総面積：44万7400km²
言語：ウズベク語*、ロシア語
通貨：ソム=100ティイン

中国（中華人民共和国）
東アジア
首都：北京
人口：13億7000万人 / 1km² あたり143人
総面積：959万6960km²
言語：標準中国語*、呉語、広東語、湘語、閩（ビン）語、客家（ハッカ）語、贛（カン）語
通貨：人民元=10角

モンゴル
東アジア
首都：ウランバートル
人口：300万人 / 1km² あたり2人
総面積：156万6116km²
言語：モンゴル語ハルハ方言*、カザフ語、中国語、ロシア語
通貨：トゥグルグ=100ムング

北朝鮮（朝鮮民主主義人民共和国）
東アジア
首都：平壌
人口：2510万人 / 1km² あたり208人
総面積：12万538km²
言語：朝鮮語*
通貨：北朝鮮ウォン=100チョン

韓国（大韓民国）
東アジア
首都：ソウル
人口：5090万人 / 1km² あたり510人
総面積：9万9720km²
言語：朝鮮語*
通貨：韓国ウォン=100チョン

台湾（中華民国）
東アジア
首都：台北
人口：2250万人 / 1km² あたり625人
総面積：3万5980km²
言語：標準中国語*、台湾語、客家（ハッカ）語
通貨：台湾ドル=100セント

日本
東アジア
首都：東京
人口：1億2770万人 / 1km² あたり335人
総面積：37万7915km²
言語：日本語
通貨：円=100銭

ネパールの国旗は世界の国旗の中で

インド
南アジア
首都：ニューデリー
人口：12億7000万人 / 1km² あたり 386人
総面積：328万7263km²
言語：ヒンディー語*、英語*、ウルドゥー語、ベンガル語、マラーティ語、テルグ語、タミル語、カンナダ語他
通貨：インド・ルピー =100パイサ

スリランカ
南アジア
首都：コロンボ
人口：2220万人 / 1km² あたり 338人
総面積：6万5610km²
言語：シンハラ語*、タミル語、英語
通貨：スリランカ・ルピー =100セント

モルディブ
インド洋
首都：マレ
人口：39万3000人 / 1km² あたり 1319人
総面積：298km²
言語：ディベヒ語*、英語
通貨：ルフィヤ =100ラーリ

パキスタン
南アジア
首都：イスラマバード
人口：2億200万人 / 1km² あたり 254人
総面積：79万6095km²
言語：ウルドゥー語*、パンジャーブ語、シンド語、パシュトー語、バローチー語
通貨：パキスタン・ルピー =100パイサ

バングラデシュ
南アジア
首都：ダッカ
人口：1億6900万人 / 1km² あたり 1138人
総面積：14万8460km²
言語：ベンガル語*、ウルドゥー語、チャクマ語
通貨：タカ =100パイサ

ブータン
南アジア
首都：ティンプー
人口：74万1919人 / 1km² あたり 19人
総面積：3万8394km²
言語：ゾンカ語*、シャーチョプ語、ローツァムカ語
通貨：ニュルタム =100チェトラム

ネパール
南アジア
首都：カトマンズ
人口：2900万人 / 1km² あたり 197人
総面積：14万7181km²
言語：ネパール語*、マイティリ語、ボージュプリー語
通貨：ネパール・ルピー =100パイサ

カンボジア
東南アジア
首都：プノンペン
人口：1570万人 / 1km² あたり 87人
総面積：18万1035km²
言語：クメール語*、フランス語、中国語、ベトナム語、チャム語
通貨：リエル =100セン

ラオス
東南アジア
首都：ビエンチャン
人口：700万人 / 1km² あたり 30人
総面積：23万6800km²
言語：ラオ語*、各種方言、フランス語
通貨：新キープ =100アット

ミャンマー(ビルマ)
東南アジア
首都：ネピドー
人口：5690万人 / 1km² あたり 84人
総面積：67万6578km²
言語：ビルマ語*
通貨：チャット =100ピャー

タイ
東南アジア
首都：バンコク
人口：6820万人 / 1km² あたり 133人
総面積：51万3120km²
言語：タイ語*、ビルマ語
通貨：バーツ =100サタン

ベトナム
東南アジア
首都：ハノイ
人口：9530万人 / 1km² あたり 288人
総面積：33万1200km²
言語：ベトナム語*、中国語、クメール語
通貨：ドン =10ハオ =シュウ

ブルネイ
東南アジア
首都：バンダルスリブガワン
人口：42万9646人 / 1km² あたり 75人
総面積：5765km²
言語：マレー語*、英語、中国語
通貨：ブルネイ・ドル =100セント

東ティモール
東南アジア
首都：ディリ
人口：120万人 / 1km² あたり 81人
総面積：1万4874km²
言語：テトゥン語*、インドネシア語、ポルトガル語*
通貨：アメリカ・ドル =100セント

インドネシア
東南アジア
首都：ジャカルタ
人口：2億5800万人 / 1km² あたり 135人
総面積：190万4569km²
言語：インドネシア標準語*、他700以上の言語が使われる
通貨：ルピア =100セン

マレーシア
東南アジア
首都：クアラルンプール
人口：3100万人 / 1km² あたり 94人
総面積：32万9847km²
言語：マレーシア標準語*、中国語*、英語、タミル語
通貨：リンギット =100セン

フィリピン
東南アジア
首都：マニラ
人口：1億260万人 / 1km² あたり 342人
総面積：30万km²
言語：フィリピン語*、英語*、セブアノ語
通貨：フィリピン・ペソ =100センタボ

シンガポール
東南アジア
首都：シンガポール
人口：580万人 / 1km² あたり 8321人
総面積：697km²
言語：マレー語*、華語(標準中国語)*、英語*、タミル語
通貨：シンガポール・ドル =100セント

オセアニア
フィジー
オセアニア
首都：スバ
人口：91万5303人 / 1km² あたり 50人
総面積：1万8274km²
言語：フィジー語*、英語*、ヒンディー語、ウルドゥー語、タミル語、テルグ語
通貨：フィジー・ドル =100セント

キリバス
オセアニア
首都：タラワ環礁
人口：10万6925人 / 1km² あたり 132人
総面積：811km²
言語：英語*、キリバス語
通貨：オーストラリア・ドル =100セント

マーシャル諸島
オセアニア
首都：マジュロ
人口：7万3376人 / 1km² あたり 405人
総面積：181km²
言語：マーシャル語*、英語*
通貨：アメリカ・ドル =100セント

ミクロネシア連邦
オセアニア
首都：パリキール
人口：10万4700人 / 1km² あたり 189人
総面積：702km²
言語：英語、チューク語、ポンペイ語、モートロック語、コスラエ語
通貨：アメリカ・ドル =100セント

ナウル
オセアニア
首都：公式な首都なし
人口：9591人 / 1km² あたり 457人
総面積：21km²
言語：ナウル語*、英語、キリバス語、中国語
通貨：オーストラリア・ドル =100セント

パラオ
オセアニア
首都：マルキョク
人口：2万1347人 / 1km² あたり 47人
総面積：459km²
言語：パラオ語、英語*、ソンソロール語*
通貨：アメリカ・ドル =100セント

パプアニューギニア
オセアニア
首都：ポートモレスビー
人口：680万人 / 1km² あたり 15人
総面積：46万2840km²
言語：トク・ピシン*、英語*、ヒリモツ語*、800以上の先住民諸語
通貨：キナ =100トエア

サモア
オセアニア
首都：アピア
人口：19万8930人 / 1km² あたり 70人
総面積：2831km²
言語：サモア語*、英語
通貨：タラ =100セネ

ソロモン諸島
オセアニア
首都：ホニアラ
人口：63万5000人 / 1km² あたり 22人
総面積：2万8896km²
言語：英語*、メラネシア・ピジン、120の先住民諸語
通貨：ソロモン諸島ドル =100セント

トンガ
オセアニア
首都：ヌクアロファ
人口：10万6500人 / 1km² あたり 141人
総面積：747km²
言語：トンガ語*、英語
通貨：パアンガ =100セニティ

ツバル
オセアニア
首都：フナフティ環礁
人口：1万900人 / 1km² あたり 419人
総面積：26km²
言語：ツバル語*、英語、キリバス語
通貨：オーストラリア/ツバル・ドル =100セント

バヌアツ
オセアニア
首都：ポートビラ
人口：27万7600人 / 1km² あたり 23人
総面積：1万2189km²
言語：ビスラマ語*、英語*、フランス語*
通貨：バツ

オーストラリア
オセアニア
首都：キャンベラ
人口：2280万人 / 1km² あたり 3人
総面積：774万1220km²
言語：英語*、華語(標準中国語)、ギリシャ語、アラビア語、イタリア語、アボリジニ諸語
通貨：オーストラリア・ドル =100セント

ニュージーランド
オセアニア
首都：ウェリントン
人口：450万人 / 1km² あたり 17人
総面積：26万8838km²
言語：英語*、マオリ語*
通貨：ニュージーランド・ドル =100セント

唯一、正方形でも長方形でもない。

155

用語解説

亜大陸
大陸の一部を構成する大きな陸地。例えばアジア（大陸）のインド（亜大陸）など。

亜熱帯
熱帯地方の北や南に広がる、熱帯に近い気候または地域。

アメリカ・インディアン
アメリカの先住民。ヨーロッパ人の探検家や入植者が到来するずっと前から住んでいた。

アルカリ湖
塩分濃度が高い湖のこと。

緯度
赤道を緯度0度として、そこからどれくらい北か南に離れているかを示す。北極は北緯90度、南極は南緯90度となる。

インカ帝国
南アメリカのアンデス山脈に存在した強大な古代帝国。16世紀にスペイン人によって滅ぼされた。

インフラ
道路、輸送・通信設備、学校、工場など、国や地域を機能させるのに必要なものを指す言葉。

オアシス
砂漠の中にある肥沃な緑地。たいていは地下の水源から水を得ている。

温帯
熱帯と寒冷帯の間に見られる温暖な気候または地域。

海溝
プレートがぶつかって海底にできた深い谷。

海抜・標高
海水面から図った陸地の高さ。

海氷
極地圏で海の水が凍ってできる氷。

カルデラ
火山にできた巨大なクレーター（穴）。三角形をした火山が噴火中に崩れてできる場合が多い。

間欠泉
地下を流れる水が熱い岩に接触することで定期的に熱水を噴き出す温泉。

環礁
円形や馬蹄形で浅瀬を取り囲むサンゴ礁。

気候
特定の地域で長年を通してよく見られる気象。

気候変動
大気汚染など人間の活動により、地球の気温が上昇して気候が変わっていくこと。気温が上昇すると天気に影響が現れ、さらに特定の地域に生きる人間、動物や植物に影響がおよぶ。

休火山
長い間噴火していないが、死火山にはなっておらず、将来噴火する可能性がある火山。

峡谷（キャニオン）
川によって岩が削られてできた険しい谷。

クモ類
クモやサソリなど、体が2つの部分で構成され、脚が8本ある動物。

群島
列に並んでいるか集まっている島々。

係争地
どの国家の領土に属するかをめぐって、国家間で決着がつかずに争いになっている地域。

経度
イギリスのロンドンにあるグリニッジを経度0度として、そこからどれくらい西か東に離れているかを示す。

降雨量
地球の大気から雨や雪、あられ、みぞれの状態で降る水分の量。

広葉樹林
森林の一種。温帯広葉樹林（オークの木など）と熱帯広葉樹林（ヤシの木やその仲間）の2種類がある。

国際連合（国連）
193か国が協力して、世界の平和を守り、すべての人々の暮らしを向上させるための組織。

砂漠
雨や雪がほとんど、またはまったく降らない極めて乾燥した地域。北極や南極には、岩と氷で覆われた寒冷砂漠もある。

時間帯
世界は39の時間帯に分かれている。大半の時間帯は協定世界時間（UTC）と呼ばれるイギリス・ロンドンのグリニッジ子午線における時間から1時間単位で足し引きした時間に定められているが、さらに30分か45分足し引きした時間帯もある。

四肢動物
四肢（4本の手や脚）を持つ脊椎動物（背骨がある動物）。

重力
物体がお互いに引き合う力。この力のおかげで、私たちは地球に足をついていることができ、惑星は軌道をはずれることがない。

出生率
地域内で生まれる子どもの数。たいていは人口1000人あたり何人生まれたか、あるいは地域に住む女性1人あたり何人の子どもがいるかという形で示す。

小惑星
太陽の周りを回る小さな岩や金属の塊。大半が火星と木星の軌道の間にある。

支流
大きな川に流れ込む小さな川。

進化
動物や植物が適応して生き残るために、長い時間をかけて変化や発達すること。

人口密度
特定の地域に人がどれくらい密集、あるいは散らばって暮らしているかを、「1km²あたり何人」という形で示したもの。国や都市の人口を地域ごとに分けて算出する。

浸食
岩石や地表が、流水や波、氷、風、気候によって削られること。

針葉樹
松やモミの木など、針のような葉が茂る木。温帯樹林や北方樹林に見られる。

森林伐採
材木を切り出したり、耕作地や道路を作るために森を切り開くこと。土壌の浸食を招くことがある。

水生
水の中に生息する動物や植物。

ステップ
北半球にある乾燥した広大な草原。特に南東ヨーロッパや中央アジアのものを指す。

生息地
ある動植物が通常生きている環境や場所。

生態系
すべての生物が他の生物、気候、様々な生息地とお互いに影響しあって営まれる自然のシステム。

生物群系
特定の気候でよく見られる植物や動物が生息する広い地域。

赤道
北半球と南半球を分ける緯度0度の線。

節足動物
カニ、クモ、ムカデなど、背骨はないが硬い外殻に覆われ、脚が何か所も曲がるよ

用語解説

うになっている動物。

絶滅種
人間に獲られすぎたり、生息地がなくなったりして存在しなくなった動物や植物。

タイガ
ロシア語で針葉樹林を指す言葉。

大気
主に窒素と酸素から成る、地球を包むガス層。宇宙から降り注ぐ放射線や小さな隕石から人間を守っている。

台地（高原）
高地にある平らな地域。

大都市圏
ある都市が郊外や近隣の都市と一体化してできた地域。建物が多く建ち並び、たいていは人口も密集している。

大陸
地球にある広大な陸地。北アメリカ、南アメリカ、ヨーロッパ、アフリカ、アジア、オセアニア、南極の7つがある。

卓越風
特定の地域で頻繁に同じ方向に吹く風で、気候に影響を与える。

棚氷
海に浮かんでいるが、一部は陸につながっている万年氷の層。

多様性
生態系の動植物の種類が豊富であったり、ある地域に様々な人間が住んでいること。

地殻
地球の硬くて薄い外殻。

地峡
海などによって隔てられた2つの広い大地を結ぶ、橋のような細い陸地。

地溝
2つの断層やプレートの間で地殻が沈降してできる長い峡谷。

ツンドラ
ヨーロッパ、北アメリカ、アジアの極めて寒い北部にある生物群系。地面の表層より下は決して融けない（永久凍土という）。

デルタ地帯（三角州）
川の河口に扇状に広がる低地。川に運ばれてきた土砂によって形成される。海に注ぎ込む川にできることが多い。

独裁主義
国民による投票を行わずに特定の人間が権力の座に就き、そのままずっと国を支配すること。民主主義の対義語。

内戦
政治的な意見、宗教、民族の違いによって、同じ国に住む人々の間で起こる戦争。

熱帯
赤道のすぐ南と北に広がる気候や生物群系を指す言葉。雨がたくさん降り、気温が高く、季節の違いがはっきりしないのが特徴。

熱帯雨林
熱帯地域にうっそうと茂る森林。雨がたくさん降り、気温が高く、湿気も多い。

ハリケーン
熱帯性の激しい嵐。インド洋ではサイクロン、太平洋では台風と呼ばれる。

半球
地球の赤道より上半分は北半球、赤道より下半分は南半球。

半島
本土から海へ突き出している細長い陸地。

ヒト族
人類のこと。約700万年前にアフリカに現れた人類の最初の祖先も含まれる。

氷河
雪が圧縮されてできた氷の塊。ゆっくりと山を下る間に岩を浸食したり、堆積させたりする。

氷河形成
氷床や氷河が拡大して風景が変化すること。

氷山
海に浮かぶ巨大な氷の塊。氷河や棚氷が砕けてできたもので、塊全体の大部分が水中に沈んでいる。

氷床
南極やグリーンランドに見られる広大な陸地を覆う万年氷の層。

フィヨルド
沿岸の険しい山腹に刻まれた深くて細長い入り江。

プレート
地表は複数の巨大なプレートが組み合わさってできている。プレートの境界線はプレートどうしが出合う場所であり、地震がたびたび起こる。

平野（平原）
低地にある平らな地域。

貿易風
赤道へ向かって北東か南東の方向から吹く卓越風。

北方樹林
針葉樹林の一種（「タイガ」を参照）。

哺乳類
赤ん坊の形で子どもを産み、母乳で育てる恒温動物。

マヤ帝国
紀元前2000年頃から16世紀にスペイン人に滅ぼされるまで南アメリカに存在した古代帝国。

マングローブ
多くの場合、塩水に浸かっている泥地の海岸や川岸に育つ木々。たいていは根が露出している。

民主主義
誰を国の指導者（大統領や首相）にするかを、たいていは投票を通じて国民が決める政治体制。

無脊椎動物
カニや虫など、背骨を持たない動物。

モンスーン
南アジアおよび東アジアに吹く季節風で、大量の雨をもたらす。

有袋類
哺乳類の一種で、子どもを腹の袋に入れて自由に動けるようになるまで育てる。カンガルーはこの仲間。

遊牧民
家畜のために新しい草地を探して地域を動き回る人々のこと。

ユネスコ
世界の人々が文化を通じてお互いを理解するのを助けて、平和を保つ活動を行っている国連の機関。自然の光景から歴史的な建築物まで、保存しなければならない場所のリストを作成している。

溶解（融解）
熱によって岩石や金属が液状になった状態。溶岩は溶解した岩である。

ラグーン（潟）
砂州やサンゴ礁などによって沿岸の海水が部分的に囲われてできる浅い塩湖。

落葉樹林
温帯地域に見られる広葉樹林の一種。一定の季節に葉を落とす。

流域
水（たいていは河川）が集まっていく地域。

両生類
カエルやサンショウウオといった、陸と水中の両方で生きられる変温動物。

索引

ア

アイスランド　80, 83, 84, 88, 94, 145
アイルランド　78, 88
アジア　96-115
アタカマ砂漠　51
アフガニスタン　98, 108
アフリカ　13-15, 56-75
アマゾン川／盆地　40-41, 44, 46-47, 50, 53, 54, 144
アメリカ合衆国　18-35
嵐　30, 31, 110, 111
アラスカ　18, 20, 23, 24, 28, 30
アリューシャン列島　28
アルジェリア　58, 64, 68, 74
アルゼンチン　39, 43, 48-49, 51, 55
アルバニア　79, 89, 94-95
アルプス山脈　86-87, 90-91, 92
アンゴラ　59, 65
アンデス山脈　40, 46, 49, 50
イエメン　98, 108, 110
イエローストーン国立公園　33
イギリス　78, 80, 88, 90, 92, 94
イスタンブール　85
イスラエル　98, 108, 110
イタリア　78-79, 82, 83, 85, 87, 88-89, 94-95
イラク　98, 108
イラン　98, 108
インド　98, 100, 104, 108, 110-111
インドネシア　98-99, 100-101, 102, 103, 104-105, 109
インド洋　110, 146-147
ウクライナ　79, 89
ウズベキスタン　98, 108
ウラル山脈　10, 81
ウルグアイ　39, 49, 55
ウルル（エアーズロック）　128
エクアドル　38, 44, 48, 54
エジプト　59, 62, 63, 64, 65, 68-69, 71
エストニア　79, 89
エチオピア　58-59, 61, 65, 69, 71

エベレスト山　106
エルサルバドル　19, 25
エルブルス山　81
エレバス山　137
エンジェルフォール　42, 48
オーストラリア　118, 120, 122-123, 124, 125, 128-133
オーストリア　78-79, 89
オカバンゴ・デルタ　61
オセアニア　116-133
オマーン　98, 114
オランダ　78, 84, 88, 94
オリノコ川　40

カ

ガーナ　58, 59, 68, 74
ガイアナ　38, 54
カイロ　62, 63, 64
カザフスタン　98, 108
火山　22, 28, 42, 63, 81, 83, 103, 123, 127, 129, 137
　　　海と火山　143, 145
　　　太古　7, 10
カトマンズ　106
カナダ　18-25, 28-35
カメルーン　58, 70
カラコルム山脈　106
ガラパゴス諸島　40, 48
カリブ海　19, 21, 29, 31, 33, 35
川　26-27, 40, 44, 46-47, 60, 61, 69, 81, 87, 106, 107, 139, 147
韓国　99, 103, 109
ガンジス川　106, 147
環太平洋火山帯　143
ガンビア　58, 68
カンボジア　99, 109
気候　30-31, 50-51, 70-71, 90-91, 110-111, 130-131, 137
北アメリカ　12-15, 16-35
北朝鮮　99, 115
キューバ　19, 25, 29
ギリシャ　79, 81, 85, 89, 91
キリバス　119

キリマンジャロ　61, 67
グアテマラ　19, 25
グランドキャニオン　26-27
グリーンランド　18-19, 20-21, 24, 28-29, 31, 34-35
グレートバリアリーフ　129
クロアチア　79, 89
ケイマン諸島　19, 35
ケニア　59, 69, 75
言語　22, 42, 62, 82
紅海　66
コモロ諸島　65
コロラド川　26-27
コロンビア　38, 40, 43, 44, 48, 50
コンゴ川　69
コンゴ盆地　60-61
コンゴ民主共和国　59, 63, 65, 69

サ

サウジアラビア　98, 108
砂漠　26-27, 51, 60-61, 67, 68, 70-71, 106, 114
サハラ砂漠　60-61, 68, 70-71
三大洋　140-147
サンパウロ　44
ザンビア　59, 62, 69
死海　100
時間帯　22, 42, 62, 82, 102, 122
ジブチ　59, 63
シベリア　8, 10, 100-101, 110-111, 112-113, 114-115
上海　105
シンガポール　99, 103, 114-115
シント・マールテン島　25
ジンバブエ　59, 69
森林火災　130
スイス　78, 83, 86, 88
スウェーデン　78, 88
スーダン　59, 69, 71, 75
スペイン　78, 84, 88, 90, 92, 94
スリナム　38, 44, 48, 54-55
スリランカ　98, 115
スロバキア　79, 89

スロベニア　79, 89
生物群系　32, 52, 72, 93, 112, 132
セーシェル　59, 146
セネガル　58, 64, 68
セルビア　79, 89
セレンゲティ　73, 75
セントヘレナ島　145
ソロモン諸島　118, 120, 124, 129

タ

タイ　99, 103, 109, 114-115
太古の地球　4-15
大西洋　12-13, 144-145
大地溝帯　61, 66-67
太平洋　111, 142-143
台湾　99, 102
滝　23, 29, 42, 47, 48, 63, 69, 83, 103, 123
タクラマカン砂漠　106
タジキスタン　98, 102
竜巻　30, 31
建物　23, 28-29, 43, 48-49, 82, 88-89, 102, 108-109, 122, 128-129
タンガニーカ湖　63, 66
タンザニア　59, 62, 65, 69, 75
チェコ　78-79, 89
チチェン・イッツァ　28
チチカカ湖　40
チベット高原　106-107, 112
チャド　58, 68
中央アフリカ共和国　59, 68
中央アメリカ　16-35
中国　98, 99, 101, 102, 103, 104, 105, 108-109
チュニジア　58, 64
チリ　39, 42, 43, 45, 49, 50, 51, 55
津波　147
ティエラ・デル・フエゴ　41
テーブルマウンテン　69
鉄道　22, 42, 63, 82, 83, 102, 103, 114-115, 122, 128
デナリ　20
デンマーク　78, 88

索引

ドイツ　78, 88, 94
トーゴ　58, 68
都市
　アジア　103, 104, 114, 115
　アフリカ　63, 64, 65, 74-75
　オセアニア　123, 124-125
　北アメリカ　23, 24-25
　北極　139
　南アメリカ　43, 44-45, 54
　ヨーロッパ　84-85, 94-95
ドナウ川　81
ドバイ　108
ドミニカ共和国　19, 29
トリスタンダクーニャ　145
トリニダード・トバゴ　19, 35
トルクメニスタン　98, 108
トルコ　79, 85, 98, 104

ナ

ナイアガラの滝　23, 29
ナイジェリア　58, 64, 65, 68, 74
ナイル川　61, 72, 75
ナウル　118, 119
ナミビア　59, 65, 69
ナミブ砂漠　61
南極　136-137, 147
南極海　147
ニジェール　58, 64, 68
ニジェール川　60, 74
日本　99, 101, 102, 103, 104, 109, 113, 115
ニューカレドニア　118, 129, 142
ニューギニア　99, 101, 118, 120, 121
　→パプアニューギニアも参照
ニュージーランド　119, 121, 123, 124, 125, 126-127, 129, 131, 133, 142
ニューヨーク　23, 25, 29
熱帯雨林　46-47, 50, 53, 60-61, 113
ネパール　98, 106
ノルウェー　78, 82, 83, 84, 88

ハ

バーレーン　98, 104
バイカル湖　103, 113
ハイチ　19, 35
パキスタン　98, 104, 108, 114

橋　23, 28, 43, 62, 83, 103, 123
パタゴニア　41, 55
バチカン市国　78-79
パナマ　19, 21
パナマ運河　29, 144
バヌアツ　118, 120, 129
ハバナ　25
パプアニューギニア　118, 123, 124, 128, 131
パラオ　118, 128
パラグアイ　39, 49
ハリケーン　31
バルバドス　19, 29
ハワイ　18, 22, 24, 28, 32, 34, 143
ハンガリー　79, 89
バングラデシュ　98, 104
パンゲア　10-12
ビクトリア湖　59, 63, 66
ビクトリアの滝　63, 69
ヒマラヤ山脈　14, 100, 106-107
氷河　23, 42, 83, 86, 102, 123, 127
氷山　144
ビルマ　→ミャンマーを参照
フィジー　119, 121, 125, 133
フィッシュリバーキャニオン　68-69
フィリピン　99, 109, 113, 115
フィンランド　78-79, 88-89
ブータン　98, 106
ブエノスアイレス　55
フォークランド諸島　39, 45
ブラジル　39, 41, 42, 43, 44-45, 48-49, 51, 54, 55
ブラマプトラ川　107, 147
フランス　78, 83, 84, 86, 88, 94
フランス領ギアナ　38, 44
フランス領ポリネシア　119
プリンス・エドワード諸島　146
ブルガリア　79, 89
ペインテッド砂漠　26-27
ベトナム　99, 109
ベネズエラ　38, 42, 43, 45, 48, 54
ベラルーシ　79, 89
ペルー　38, 43, 44, 46, 48, 49, 54
ベルギー　78, 88, 94, 95
ポーランド　79, 89
ボスニア・ヘルツェゴビナ　79, 89, 91
北極　138-139
北極／南極　134-139

ボツワナ　59, 69, 75
ボリバル, シモン　38
ボリビア　38-39, 40, 45, 48-49
ポルトガル　78, 83, 88, 94
ボルネオ　100, 101, 113
ホルムズ海峡　146
香港　103, 109, 114

マ

マーシャル諸島　118, 120
マウナロア山　143
マケドニア　79, 89
マゼラン海峡　41, 142
マダガスカル　59, 63, 69, 72-73, 75
マナウス　54
マラウイ　59, 69
マリ　58, 68, 74
マルタ　79, 85, 91
マレーシア　99, 103, 108-109
ミクロネシア　121
湖　22, 35, 40, 59, 63, 66, 67, 80, 82, 86, 87, 103, 120, 123, 126, 127, 137, 138
南アフリカ　59, 62, 63, 65, 69, 71, 75
南アメリカ　12-14, 36-55
南スーダン　59, 74-75
ミャンマー（ビルマ）　98, 108
ムルマンスク　139
メキシコ　18-19, 24, 25, 28, 29, 30-31, 35
モーリタニア　58, 64, 68
モナコ　78, 84, 94
モルディブ　98, 146-147
モルドバ　79, 89
モロッコ　58, 64, 68, 70
モンゴル　99, 105, 109
モンスーン　110, 111
モンテネグロ　79, 89
モントセラト　19, 35
モンブラン　86

ヤ

野生の生き物　32-33, 52-53, 72-73, 92-93, 112-113, 132-133, 136-139
　太古　8-15
山
　アジア　100, 103, 106-107

アフリカ　61, 66, 67, 69
オセアニア　120-121, 123, 126-127
海中　142, 144
北アメリカ　20-21, 28
太古　9, 10, 14
南極　136
南アメリカ　40-41, 43, 46, 50
ヨーロッパ　80-81, 83, 86-87
ヨーロッパ　76-95
ヨーロッパ連合　79

ラ

ラオス　99, 103
ラゴス　64, 74
ラップランド　95
ラトビア　79, 89
リオデジャネイロ　39, 45, 48
リガ　89
リトアニア　79, 89
リビア　58, 68, 70
リベリア　58
ルーマニア　79, 89, 90-91, 95
ルクセンブルク　78, 94
ルワンダ　59, 65
ロシア　79, 80, 81, 82, 83, 84-85, 89, 91, 95, 99, 103, 109, 111, 139

159

Acknowledgements

The publisher would like to thank the following for their kind permission to reproduce their photographs:

(Key: a-above; b-below/bottom; c-centre; f-far; l-left; r-right; t-top)

4-5 Science Photo Library: Mark Garlick. **6** Science Photo Library: Richard Bizley (bl). **7** Science Photo Library: Mark Garlick (br). **8** 123RF.com: Tolga Tezcan / tolgatezcan (bc); Oleg Znamenskiy / znm (bl). **9** Dr. Brian Choo: (tl). Dorling Kindersley: Natural History Museum, London (br, bl); Royal Museum of Scotland, Edinburgh (bc). **11** Dorling Kindersley: Natural History Museum, London (br); Jon Hughes (tr); Swedish Museum of Natural History (bl). Science Photo Library: Christian Darkin (tl). **12** Dorling Kindersley: Jon Hughes (bl). **13** Dorling Kindersley: Natural History Museum, London (bc). Dreamstime.com: Mr1805 (tl). **14** Alamy Stock Photo: Kostyantyn Ivanyshen / Stocktrek Images, Inc. (bl). Dorling Kindersley: Natural History Museum, London (tc). Dreamstime.com: Roberto Caucino / Rcaucino (bc); Digitalstormcinema (br). **15** Getty Images: Robert Postma / First Light (bl). **21** PunchStock: Peter Adams (cra). **22** Dreamstime.com: Bryan Busovicki (cr); Paul Lemke (tl). **23** 123RF.com: bennymarty (cr). Dreamstime.com: Harryfn (tl). **24** Dreamstime.com: Rafael Ben-ari (tc). 25 123RF.com: Kan Khampanya (cra). Alamy Stock Photo: Kike Calvo / Vwpics (tc). **26** Getty Images: Carol Polich Photo Workshops (bc). **27** Alamy Stock Photo: Danita Delimont (tc); Henk Meijer (tr); Colleen Miniuk-Sperry (cr). Getty Images: Bloomberg (bc). **28** Alamy Stock Photo: IE204 (tc). **29** 123RF.com: ishtygashev (cr). **30** Alamy Stock Photo: Iuliia Bycheva (tc). **33** 123RF.com: Menno Schaefer (cr). **34** Getty Images: Chris Moore - Exploring Light Photography (tc). **35** Alamy Stock Photo: Reynold Mainse / Perspectives (cra); Martin Shields (ca). Dreamstime.com: Altinosmanaj (cr). Getty Images: Walter Bibikow (c). **38** Alamy Stock Photo: Mary Evans Picture Library (br). **39** Alamy Stock Photo: Yadid Levy (cr). **41** Dreamstime.com: Paweł Opaska (cr). **42** Alamy Stock Photo: Barbagallo Franco / hemis.fr (tl); Francisco Negroni (tr). Dreamstime.com: Olegmj (br). **43** Dreamstime.com: Achilles Moreaux / Almor67 (c). **44** Dreamstime.com: King Ho Yim (br). **45** Alamy Stock Photo: David Davis Photoproductions (crb). **46** 123RF.com: Matyas Rehak (bc). Alamy Stock Photo: HUGHES Herve / hemis.fr (br). Dreamstime.com: André Costa (tl); Rosendo Francisco Estevez Rodriguez (cl). Getty Images: Alex Robinson (tc). **47** Alamy Stock Photo: Roger Bacon (cra); Lee Dalton (tc). **48** Dreamstime.com: Renato Machado / Froogz (br). **49** Dreamstime.com: Paura (cr). **51** 123RF.com: steba (bc). **53** Dreamstime.com: Igor Terekhov / Terex (cra). **55** Dreamstime.com: piccaya (cra). **59** Alamy Stock Photo: F. Schneider / Arco Images GmbH (br). Dreamstime.

com: Demerzel21 (cra). **61** Alamy Stock Photo: frans lemmens (cra). Getty Images: Peter Adams (br). **62** Dreamstime.com: Evgeniy Fesenko (cr); Marcin Okupniak (bl). Getty Images: Danita Delimont (crb). **63** Dreamstime.com: Mwitacha (tl). Getty Images: Richard Roscoe / Stocktrek Images (cb); Westend61 (tr). **64** Getty Images: Alex Saberi / National Geographic (crb). **65** Alamy Stock Photo: Hutchison / Hutchison Archive / Eye Ubiquitous (cr). **66** Alamy Stock Photo: Nigel Pavitt (tl); Jan Wlodarczyk (tc). Dreamstime.com: Dmitry Kuznetsov (bc). **67** Alamy Stock Photo: david tipling (cr). Getty Images: Harri Jarvelainen Photography (ca). **68** Getty Images: Peter Adams (br). **69** Getty Images: Westend61 (cra). **71** Alamy Stock Photo: Richard Roscoe / Stocktrek Images (crb). **73** Alamy Stock Photo: Eyal Bartov (cra). **74** Getty Images: George Steinmetz (crb). **75** Alamy Stock Photo: Konrad Wothe (cra). **80** Dreamstime.com: Danil Nikonov (bl). **81** Alamy Stock Photo: Zoonar / Julialine (crb). **82** Alamy Stock Photo: Martin Plöb (bl). Dreamstime.com: Rostislav Glinsky (cb). **83** 123RF.com: Alexander Baron (tl). Dreamstime.com: Ebastard129 (crb). **84** 123RF.com: Luciano Mortula (bl). **85** 123RF.com: Stefan Holm (br). **86** 123RF.com: jakezc (bl); myrtilleshop (tl). Dreamstime.com: Claudio Giovanni Colombo (tc); Reinhardt (tr). **87** 123RF.com: Santi Rodriguez Fontoba (tr); Janos Gaspar (cr). **88** 123RF.com: Aitor Munoz Munoz (bl); Alexey Stiop (clb). **89** 123RF.com: Roman Babakin (crb); dr. Le Thanh Hung (br). **93** Alamy Stock Photo: David & Micha Sheldon (tr). **94** Dreamstime.com: Palaine (cl). **95** Getty Images: simonbyrne (crb). **98** Alamy Stock Photo: Foto 28 (cb). **100** Dreamstime.com: Noracarol (cb). **102** Dreamstime.com: Michal Knitl (br); Yinan Zhang (cra). **103** Alamy Stock Photo: EPA (tc). Getty Images: Edward L. Zhao (br). **104** Dreamstime.com: Simone Matteo Giuseppe Manzoni (cb). **105** 123RF.com: Jiang Yifan / bassphoto (crb). **106** Dreamstime.com: Bayon (tr); Daniel Boiteau (clb). Getty Images: Holly Wilmeth (bc). **107** Alamy Stock Photo: Stefan Auth (bc); Jian Liu (cra). **108** 123RF.com: sophiejames (c). **109** Dreamstime.com: Sean Pavone (crb). **113** Getty Images: Barry Kusuma (crb). **114** Dreamstime.com: Nohead Lam (c). **115** Alamy Stock Photo: Matthew Williams-Ellis (br). **119** Getty Images: UniversalImagesGroup (tr). **120** Alamy Stock Photo: Ingo Oeland (tc). **121** Alamy Stock Photo: Excitations (tr). **122** Alamy Stock Photo: Fullframe Photographics / redbrickstock.com (bl). **123** Alamy Stock Photo: Simon Browitt (tl). Dreamstime.com: Gábor Kovács / Kovgabor79 (tr). Getty Images: Raimund Linke / Photodisc (br). **125** Dreamstime.com: Chu-wen Lin (cra). **126** Alamy Stock Photo: Bhaskar Krishnamurthy (br). Dreamstime.com: Rawpixelimages (bc). **127** Alamy Stock Photo: Tui De Roy (bc); John Rendle NZ (crb). Dreamstime.com: Dmitry Pichugin (tr). **129** Alamy Stock Photo: Norbert Probst (cra). **130** Alamy

Stock Photo: Horizon (br). **132** Dreamstime.com: Kristian Bell (br). **134-135** Alamy Stock Photo: Adam Burton. **136** Alamy Stock Photo: John Higdon (br). Getty Images: Galen Rowell (tc); Gordon Wiltsie (tl). **137** Alamy Stock Photo: Dan Leeth (bl). Dreamstime.com: Staphy (c). **138** Alamy Stock Photo: JTB Photo (bc). Getty Images: Per Breiehagen (tr). **139** 123RF.com: Irina Borsuchenko / vodolej (br); Aleksei Ruzhin (tl). **140-141** Alamy Stock Photo: H. Mark Weidman Photography. **142** Alamy Stock Photo: Mark Hannaford / John Warburton-Lee Photography (bl). **143** Alamy Stock Photo: Kevin Schafer (crb). **144** Dreamstime.com: Richardpross (bl). **145** Dreamstime.com: Naten (tr). **146** Getty Images: Stocktrek Images (bl). **147** Getty Images: Jim Holmes / Perspectives (tr)

Climate data
Hijmans, R.J., S.E. Cameron, J.L. Parra, P.G. Jones and A. Jarvis, 2005. Very high resolution interpolated climate surfaces for global land areas.

Population data
Center for International Earth Science Information Network - CIESIN - Columbia University. 2016. Gridded Population of the World, Version 4 (GPWv4): Population Density. Palisades, NY: NASA Socioeconomic Data and Applications Center (SEDAC).

Paleogeography globes
Derived from original maps produced by Colorado Plateau Geosystems Inc.

Landsat satellite data for feature spread 3D models
These data are distributed by the Land Processes Distributed Active Archive Center (LP DAAC), located at USGS/EROS, Sioux Falls, SD. http://lpdaac.usgs.gov

Night time
Data courtesy Marc Imhoff of NASA GSFC and Christopher Elvidge of NOAA NGDC. Image by Craig Mayhew and Robert Simmon, NASA GSFC.

Wildlife biomes data
WWF Terrestrial Ecoregions of the World (TEOW). Olson, D. M., Dinerstein, E., Wikramanayake, E. D., Burgess, N. D., Powell, G. V. N., Underwood, E. C., D'Amico, J. A., Itoua, I., Strand, H. E., Morrison, J. C., Loucks, C. J., Allnutt, T. F., Ricketts, T. H., Kura, Y., Lamoreux, J. F., Wettengel, W. W., Hedao, P., Kassem, K. R. 2001. Terrestrial ecoregions of the world: a new map of life on Earth. Bioscience 51(11):933-938.

All other images © Dorling Kindersley
For further information see:
www.dkimages.com

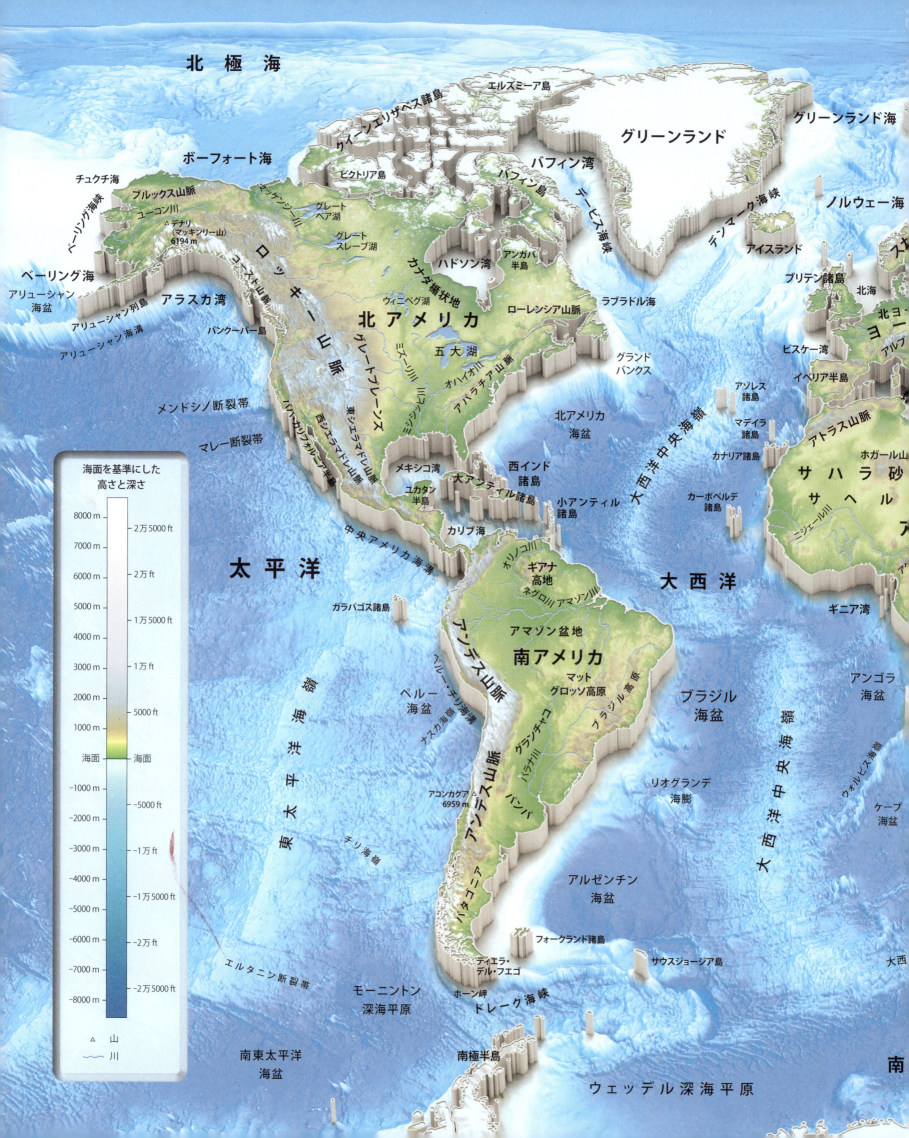